KB273530

당신의 인생을 디렉팅하라

어떻게 자기 인생의
작가이자 제작자이자 감독이
될 수 있을까?

당신의 인생을 디렉팅하라

제니퍼 그레이스 지음 | 홍상현 옮김

이 책을 나의 아들 콜(Cole)과
그의 형제이자 다른 엄마의 아들인 빈스(Vince)에게 바친다.

이책

대부분의 사람들은 내가 누구인지 모를 테지만 나의 아버지 웨인 W. 다이어Wayne W. Dyer는 알고 있을 것이라고 생각한다. 나의 아버지는 나 스스로 삶의 강력한 창조자가 될 수 있도록 하루하루를 중재하고 가르쳤다. 이러한 집안 환경에서 자란 덕분에 나는 남들과는 다른 풍부한 경험을 할 수 있었다. 수년간 다양한 영적 지도자와 새로운 선생님들을 접하게 되면서 무엇을 대하든지 그 내면의 진짜 모습을 볼 수 있는 능력을 갖게 되었다. 나는 이 책의 작가인 제니퍼 그레이스에게 영화를 만들 듯 자신의 미래를 창조하는 새로운 방법을 배우고, 그것에 대해 정서적인 진실을 느꼈을 때, 무엇인가 설명할 수 없는 커다란 변화와 마주하고 있음을 깨달았다. 나는 그녀의 단계적 접근 방법이 어떻게 많은 사람에게 통용되는지 직접 볼 수 있었다. 뿐만 아니라 그녀의 프로그램은 내 삶에도 놀라울 정도로 효과적으로 적용되었다. 지금 당신 손에 들려 있는 이 책은 꿈을 이루기 위한 가장 간단하고 명확한 방법을 담고 있는 유일한 지침서이다. 제니퍼 그레이스는 나를 포함해서 수많은 사람에게 커다란 영감을 주었다. 당신 또한 이 책에서 영감을 얻게 될 것이다.

내가 이 책을 읽는 동안 즐거웠던 만큼 이 책을 손에 들고 있는 당신도 책을 덮을 때까지 그 즐거움을 함께할 수 있을 것이라고 확신한다.

_세레나 다이어 Serena Dyer

어떻게 자기 인생의
작가이자 제작자이자 감독이
될 수 있는가?

서른다섯 살이 되던 해에 내 결혼 생활이 끝나버리자 나는 배우 그리고 영화 제작자로 살았던 경력을 버리려고 했다. 플로리다 주에 있었을 때, 나는 광고 배우로서의 삶이 내 영적인 면을 채워 주지 못한다는 사실을 깨달았다. 그때 나는 기업가로서의 삶을 바라고 있었다. 이후 여섯 개의 회사를 경영했다. 그러는 동안 내 변호사, 회계사, 전남편, 어머니, 그리고 나의 가장 친한 친구인 오드리 Audrey (여섯 개의 로고를 만들어준)는 진절머리가 날 정도로 나를 미치게 만들었다.

매일 아침 일어나 스스로에게 말했다. "오늘 나는 배우다! 나는 사진 감독이다! 나는 트레이너가 될 것이다! 혹은 자궁경부암을 위한 비영리단체를 만들 것이다!" 등등.

이러한 상황이 거의 2년간 계속 반복되었다. 결과적으로 서른일곱이 되던 해에 나는 내가 누구인지, 내가 무엇을 하고자 하는지 혹은 내가 어떤 사람이 되고 싶은지 전혀 알 수 없는 상황에 빠져버렸다. 나는 그동안 아내, 배우, 영화 제작자, 비영리단체 운영자, 사진 감독, 피트니스 트레이너, 댄스회사 소유주 등 내 삶의 목적이라고 생각되는 것들로 포장된 거짓 자아의 모습으로 살고 있었다. 당시 내 모습을 가장 잘 표현한 것은 아마 걸어 다니는 좀비였을 것이다.

그때 한 편의 영화가 나에게 보편적 끌어당김의 법칙을 알게 해주었다. 그 영화는 우리 각자의 생각과 느낌이 긍정적이든 부정적이든 혹은 생산적이든 그렇지 않든 각기 다른 주파수를 갖고 있으며, 각각의 생각과 감정이 보이지 않는 에너지의 영역으로 뻗어나가서 자석과 같이 비슷한 주파수를 끌어당기는 힘을 갖고 있음을 말해주었다. 그 이론에 따르면 우리가 부정적인 생각과 느낌을 많이 갖고 있다면 우리의 삶에 부정적인 것들을 더욱 끌어모으게 될 것이다. 하지만 우리는 항상 긍정적인 느낌을 유지함으로써 긍정적인 것들을 더욱 끌어당길 수 있다는 것이다.

그 영화가 바로 〈The Secret〉이었다. 다른 수백만의 미국인 또는 수백만의 유럽인처럼 나 역시 이 영화를 여덟 번이나 보았다. 한 번은 혼자서, 일곱 번은 비전보드 모임의 회원들과 함께였다. 아마 우리 중 많은 사람들이 한 번쯤은 비전보드를 만들어 보았을 것이다. 이 책을 읽는 당신도 포함해서 말이다.

비전보드 모임은 커다란 막대 풀과 포스터 보드를 이용해서 꼭 가보고 싶은 곳들의 사진을 오려 붙이는 모임이었다. 우리가 갖고 싶어 하는 스포츠카의 사진, 결혼하고 싶을 만큼 엄청나게 예쁜 모델의 사진을 붙이거나 오프라 윈프리보다 더 부자로 만들어줄 꿈의 직업에 대한 사진을 붙이기도 했다.

그러고는 소파에 둘러앉아 완성된 보드를 바라보면서 흐뭇한 미소를 지으며 영화에서 본 것처럼 행복한 상상들을 하곤 했다. 끌어당김의 법칙은 우리가 충분히 긍정적으로 생각하기만 하면 모든 것들을 다 이루어줄 것 같았다. 수많은 비전보드 모임 이후에 무슨 일들이 있어났을까? "행복한 생각을 하자!"라는 구호들을 끊임없이 몇 주 또는 몇 달 동안에 걸쳐서 외친 후 어떤 일이 있어났을까? 아무런 변화도 없었다.

멋진 스포츠카 사진을 눈이 빠지도록 쳐다보았는데도 아무런 일이 일어나지 않았다고 〈The Secret〉이 나쁜 영화라는 것이 아니다. 사실은 그 반대다. 끌어당김의 법칙이라는 중요한 것을 알려준 그 영화는 나에게 새로운 문을 조금 열어주는 계기가 되었다. 다음으로 내가 해야 할 일은 그 문을 활짝 여는 것이었다. 사실 그 영화는 내가 진짜로 원하는 것들을 실행에 옮기기 위한 도구를 찾아보게 되는 계기가 되었다. 게다가 그 영화는 두 가지의 서로 다른 보편적 법칙을 찾아내고 연결할 수 있도록 나를 도와주었다. 그 두 가지가 바로 끌어당김의 법칙과 행동의 법칙이다.

나는 〈The Secret〉을 본 후 눈에 보이지 않는 에너지장이 어떻게 우리를 연결하는지, 그 에너지를 통해서 내 생각, 감정, 그리고 믿음이 어떻게 이어질 수 있는지 알게 되었다. 이렇게 풍부한 에너지장을 실제로 어떻게 적용시킬 수 있는지를 밝히려고 연구하던 중에 세 명의 멘토를 만나게 됐다. 나의 영적 성장과 전문 지식이 필요했던 딱 그 순간 그들은 내 삶에 나타났다.

이 책에는 내가 이러한 여정을 거치면서 배운 것들이 담겨 있다. 또 당신의 삶의 목표를 달성하기 위해서 사용할 수 있는 독특하고 체계적인 접근 방법도 포함되어 있다.

　내 삶의 목적을 찾기 위한 노력을 지속하는 동안에도 나는 매주 심리 상담을 거르지 않았다. 어머니 그리고 전남편뿐만 아니라 가장 친한 친구, 변호사들에 이어 회계사들까지도 내게 심리 상담을 권유했었다. 나의 첫 번째 멘토인 구어빗Gurvit 박사는 삶을 대하고 있는 내 방식에 변화가 필요하다는 것을 금세 알아차렸다. 롤러코스터를 타는 듯한 끊임없는 변화를 멈추고, 알 수 없는 내 삶의 목적을 찾아서 끊임없이 반복하며 흘리던 땀을 닦아낼 때였고 명확한 목표를 찾아야 할 시점이었다.

　나는 '내가 찾고자 하는 것'에 자포자기 상태가 되어 자신마저도 잃게 되었다는 것을 곧 깨달았다. 무엇에 대한 열정인지도 제대로 모른 채 지금까지 그저 열정적으로 살아왔다. 그동안 내가 진정 원하는 것 혹은 내가 찾고자 하는 것이 무엇인지에 대해서 충분히 생각할 여유를 갖지 않았었다. 행복한 삶을 살지 못했던 것은 물론이고 삶은 엉망진창인 상태가 되었다.

　구어빗 박사는 절대로 평범한 심리학자가 아니었다. 명상의 중요성을 강조한 그녀는 내가 완전한 침묵 속에 앉아 있는 즐거움을 느낄 수 있도록 해주었다. 그녀와 함께했던 일들은 간단하지만 완전히 새로운 것들이었다. 그녀는 내게 삶의 목적을 찾으려고 하는 것을 멈추고 3개월간 진지한 명상의 시간을 가지라고 권유했다.

　그녀는 상담 초반에 한 번은 한 잔의 물을 갖고 와서 그 안에 모래를 붓고 모두 섞고는 모래를 가리키며 말했다.

　"이것들이 당신의 생각입니다. 좋은 생각과 나쁜 생각, 즉 부정적인 혼

잣말과 하루 종일 멈추지 않는 강박적인 수다입니다. 자, 잘 보세요.”

그녀는 휘젓는 것을 멈추고는 물 잔의 바닥에 모든 모래가 가라앉기를 기다렸다. 그리고 그 잔을 들어서 바라보라고 했다.

“이제 잔을 통해서 그 너머를 볼 수 있나요?”

그녀가 물었다. 잘 보인다고 대답했다.

“그게 바로 명상을 할 때 일어나는 일이에요. 머릿속을 휘젓는 모든 생각이 사뿐히 가라앉을 시간을 당신에게 주는 거예요. 그러고 나면 훨씬 더 명확하게 볼 수 있지요.”

“아하!”

탄성이 나왔다. 나는 이런 득도의 순간aha moment을 정말 좋아한다. 모두가 그렇지 않을까?

그 설명에 감명을 받아 곧 명상을 시작했고 모든 것들이 더욱 명확해져 과거의 조각들을 하나씩 들춰보기 시작했다. 이 과정이 항상 기분 좋기만 한 것은 아니었다. 때로는 나 자신을 바라보는 것조차 힘들 때도 있었다. 과거에 나는 일, 사회 활동, 그리고 와인 등으로 내 고통을 잊고 살았다. 하지만 이제 나는 내 안에서 끓어오르는 분노와 마주하고 있었다. 그동안 감춰왔던 모든 것들의 덮개를 치워버리고 그것들을 맨눈으로 다시 바라보는 것은 상당한 용기가 필요했다.

다른 말로 하자면, 나는 영적 전사가 되어야 할 필요가 있었다.

“제니퍼, 전사들은 전투에 나갈 용기가 필요해요.”

구어빗 박사가 말했다.

“지금까지 해왔던 롤러코스터와 같은 시간을 정리하고 내면을 바라보기 위해서는 큰 용기가 필요해요. 영적 전사가 된다는 것은 스스로를 향한 친절함, 연민, 그리고 온화함이 필요하다는 것을 알아야 해요."

막 결혼의 실패라는 상황이 나에게 닥쳤을 때, 나는 지속적인 지지와 흠모를 받고 싶어 배우가 되었다는 것을 깨달았다. 나는 곧 자기 의지 및 자기 인식의 부족으로 인해 다른 사람들이 나에게 바라거나 기대하는 것들에 쉽게 흔들리고 있었다는 것을 알게 됐다.

2006년 6월 22일, 3개월간의 명상이 끝날 시점에 나는 놀라운 경험을 했다. 매일 주어진 명상의 반 정도가 지났을 때, 갑자기 모든 것들이 다르게 느껴졌다. 어느 순간 나를 둘러싼 모든 것들이 나와 함께 흐르고 있다는 것을 느꼈다. 약 1분 동안 아무것도 느낄 수 없었던 것과 동시에 모든 것을 느낄 수 있었다. 그 방 안에 놓인 모든 것들과 함께였고 본질적으로 나는 그것들의 일부임이 느껴졌다. 한쪽 구석에 놓인 식물의 에너지를 느낄 수 있었고, 창을 통해서 들어오는 빛의 파동을 느낄 수 있었고, 벽에 걸린 예술품을 만든 작가의 인격까지도 느낄 수 있었다. 내 몸이 그전에는 한 번도 느껴보지 못했던 살아 있는 기운으로 충만했다. 나와 우주 사이에 어떠한 구분도 존재하지 않았다. 내가 무한하다는 것을 이해했고 언제나 부족함이 없는 충만한 무엇인가의 일부임을 알 수 있었다. 이것이 〈The Secret〉에서 말하는 에너지장이었다.

명상의 시간이 끝났음을 알려주는 종이 울린 후 나는 놀랄 수밖에 없었다. 이미 온 얼굴에 눈물이 흐르고 있었지만 명상 내내 나는 한 방울의 눈물도 느낄 수가 없었다. 이 경험은 나를 더 높이 그리고 더 나은 모습으로 인도해주었다.

우리 중 일부는 이 에너지장을 신이라고 인식할 수도 있고, 깨달음에 이르게 하는 어떤 힘이라고 인식할 수도 있고, 혹은 이미 여러 번 언급되었던 것처럼 보이지 않는 에너지장이라고 인식할 수도 있다. 이 책에서는 이러한 것들을 '근원Source'이라고 부르고자 한다. 이 근원은 내가 그 6월에 느꼈던 무한함에 이르게 한 존재이며, 나와 함께 내 운명을 끌어당기는 것을 도와줄 존재이기도 하다.

그 경험 직후, 이 근원이 제대로 작동된다는 것을 알게 된 바로 그 중요한 시점에 나는 또 다른 새로운 멘토를 만날 수 있었다. 내가 누구이고 내가 무엇을 원하는지를 명확하게 알고자 명상에 시간을 투자하였기에 근원은 나에게 적절한 다음 멘토를 소개해주었다. 마치 기다리고 있었다는 듯 줄리아 로메인Julia Romaine이 내 삶에 다가왔다.

두 번째 멘토와의 만남 : 내 삶의 목적을 발견하다

나는 열 살 때부터 줄리아를 알고 지내왔지만 지난 수년간 이야기를 나눌 기회가 없었다. 그녀와 나의 어머니는 여성 인권 운동에 함께 참여한 후 1981년에 여성 센터를 열었다. 나의 어머니는 줄리아의 멘토였다. 30년이 지난 지금, 줄리아가 나의 멘토가 되려고 한다.

어느 날 줄리아는 난데없이 전화를 해서는 스탠포드 대학교에서 '변화'를 위한 과정을 수강하지 않겠냐고 제안했다. 그녀는 경영자 코치executive coach가 되어 있었기에 그런 강의를 할 수 있었다.

'사업을 위한 창의적 발상'이라고 불리는 그 과목은 마이클 레이Michael

Ray 박사가 20년 전 스탠포드 대학교에서 처음 개설했다. 처음에는 경영대학생들이 스스로의 직관, 열정, 그리고 목적을 서로 연결시킬 수 있도록 도와주기 위해서 만들어졌다. 그 과정은 일반적인 수준의 생각을 벗어나 학생들이 새로운 생각을 해내는 방법을 찾아가면서 그들의 본질에 다가갈 수 있도록 도와주는 다양한 연습 방안과 실험적인 기술을 포함하고 있었다. 사업을 위한 창의적 발상은 스탠포드 대학교의 모든 과정 중에서 학생들의 삶에 가장 큰 영향을 미친 과정 중의 하나로 꼽힌다. 이후 레이 박사는 이 과정을 세상에 알리기로 마음먹었다.

레이 박사로부터 사사한 줄리아는 '창조적 이해 : 다음 단계로의 발전 Creative Insight : Taking the Next Step'이라는 과정의 공동 창시자인 아테나 카사로스와 함께 그 과정을 가르치고 있었다. 그들은 9·11 테러 때 사랑하는 사람들을 잃은 400여 명의 사람들을 위해서 그 강의를 진행했다. 베어 스턴즈 The Bear Stearns Companies의 대표들은 그 내용에 감명을 받아 9·11 테러로 피해를 받은 사람들을 돕기 위한 단체인 Tuesday's Children에 오십만 달러를 제공하여 아주 적은 비용으로 그 수업을 진행할 수 있도록 해주었다. 그 수업에 참여하는 모든 사람들은 수업 전후에 미래와 목표에 대한 행복함, 자신감 그리고 긍정성을 측정하기 위한 질문지에 답변을 하도록 되어 있었다.

결과는 놀라웠다. 베어 스턴즈 재단에서 발간한 「창조적 이해 Creative Insight」라는 보고서에 따르면 이 수업 이후에 개인의 성장과 풍요로움이 수업 전에 비해 49%가량 증가하였고, 48%가량은 더욱 긍정적 관점을 갖게 되었으며, 스트레스를 다스리는 능력은 약 44% 향상되었다. 이 과정을 졸업한 대부분의 사람들이 '창조적 이해 여행Creative Insight Journey' 과정은 가족, 친구들과의 관계에 긍정적인 영향을 미쳤고, 목적의식을 갖게 해주었으며, 스스로의 목적에 더욱 전념할 수 있는 등 삶을 변화시키는 커다란 경험이었다고 고백했다.

당시 줄리아는 나에게 그 수업이 정말 필요하다고 생각했었기 때문에 내게 수업을 들어볼 것을 제안했고, 나는 그녀가 제안한 '친구와 가족을 위한 할인'을 받아들여 그녀의 학생으로 등록했다.

그 후 나는 매주 내 안의 부정적인 믿음을 무너트리는 이 강의를 들으면서 변화를 위한 강력한 도구를 얻을 수 있었다. 내 삶의 목적을 찾아 내 의도대로 살기에 서른일곱이라는 나이는 결코 많지 않다는 것을 깨달았다. 서른일곱이라는 나이는 내 삶을 새롭게 만들어가기에 충분했다. 그 과정은 내 삶의 목적을 더 뚜렷하게 이해할 수 있도록 해주었다.

나는 "목적과 비전"이라는 제목의 5주간의 과정에서 다른 사람들이 동기나 영감을 필요로 할 때 그들이 나에게 조언을 구한다는 것도 알게 되었다. 나는 언제나 그들을 즐겁게 하는 치어리더였다. 이러한 사실과 창조적 이해 여행 과정의 목적을 모두 고려해보니 이 과정을 가르치는 것이 내 삶의 목적이라는 것을 확신하게 되었다. 열정이 불타오르고 있었다. 장막이 걷히자 내가 하고자 하는 것이 무엇인지 정확히 알 수 있었다.

그 과정을 마무리할 즈음, 나는 강사가 되기 위한 과정을 수강하지 않겠냐는 제안을 받았다. 모든 과정이 끝난 후 나 역시 이 과정을 다른 사람들과 공유하고 싶다는 생각을 했다. 다른 사람들에게 자신이 누구인지, 삶의 목적이 무엇인지, 그리고 모든 성인이 마주하게 되는 목적과 비전, 시간과 스트레스, 관계, 자부심, 번영, 그리고 일과 삶의 균형 등과 같은 도전 과제들을 해결할 수 있도록 도와주고, 변화를 위한 간단하지만 효율적인 도구들을 어떻게 사용할 수 있는지를 알려주고 싶었다.

나는 창조적 이해 여행 과정의 강사로서 시작할 준비가 되어 있었다. 지난 8년 동안 월스트리트에서 투자은행 분야와 창조성이 필요한 연기, 영화 제작, 시나리오 등의 분야에 시간을 투자했었기에 '최고의 꿈 제작자', '사업 코치', '삶의 코치'가 되기 위한 사업 지식과 창조적 전문성을 한데 섞을 수 있었다. 또 소파에 앉아서 행복한 생각만 할 때 놓쳤던 것들에 대해 알 수 있었기 때문에 놀라울 정도로 명확하게 내 꿈의 직업, 자동차, 휴가, 그리고 사랑을 얻지 못하는 이유를 떠올릴 수 있었다. 나는 근원이 나와 함께하면서 내 꿈을 이룰 수 있도록 돕게 하기 위해서 이 소파를 박차고 일어나야 한다는 것을 깨달았다.

그래서 그렇게 했다. 나는 오드리에게 딱 한 번만 더 로고를 만들어 달라고 부탁했다. 우리는 정말 멋진 웹사이트와 광고 전단지 그리고 멋진 명함을 새로 만들었다. 그리고 지쳐 쓰러지기 직전까지 월간 뉴스레터를 작성했고 매주 두어 번 네트워크 모임에도 나가고, 블로그도 운영하고, 내 소셜 미디어 역시 영감을 줄 만한 내용으로 매일 두 번씩 업데이트했다.

그러고는 이전에 실패했던 사업들에서 함께했던 뛰어난 예술가들을 모두 불러 나의 드림팀이 되어 달라고 부탁했다. 나는 계획을 하고 예산을 편성하기 위한 사업팀을 만들었다. 광고팀은 웹사이트와 브로슈어를 제작했고 마케팅팀은 고객들의 꿈을 현실화시킬 계획을 세웠다. 내 일은 모든 사람들이 의욕을 잃지 않고 제대로 궤도에 오를 수 있도록 도와주고 영감을 유지할 수 있도록 하는 것이었다. 모든 사업 계획이 끝나고 정신없이 바쁜 와중에 뜻밖의 문제에 부딪혔다. 나에게는 고객이 없었다. 단 한 명도. 나는 완전히 지쳐버렸다. 텅 비어 있는 집으로 돌아와 소파에 파묻혀 울었다.

뭐가 잘못된 것일까? 완전히 새로운 비전보드를 만든 후 번창하는 사업들의 사진을 잔뜩 붙여두었다. 긍정적인 관점을 만들어내기 위한 다양한 방법은 스탠포드 대학교에서 배워서 알고 있었다. 주변과 좋은 관계를 형성하기 위해서 노력했고 매일 명상을 통해 근원과도 꾸준히 소통하고 있었다. 내가 무엇을 하고 싶은지도 명확했고, 내 삶의 목적을 찾은 것이 분명하다고 느꼈다. 꿈을 바로 실행에 옮겼지만 아직 단 한 명의 고객도 만나지 못했다. 나에게 소리쳤다.

"넌 완전히 패배자야, 절대로 성공하지 못 할 거야. 이제 안정적인 직업을 구해 사무실에 앉아서 일을 하고 꿈을 찾는 것은 그만둬!"

모든 것을 포기하고 '진짜' 직업을 막 구하려는 이 완벽한 타이밍에 '근원'이 내게 새로운 멘토를 보내주었다. 그는 크리스탄^{Christan}이었다.

세 번째 멘토와의 만남 : 양자물리학을 배우다

크리스마스 때 오드리는 나에게 양자물리학에 관한 전화 세미나를 할 수 있도록 해주었다. 이 세미나는 완벽한 삶을 만들기 위해 과학의 기초를 사용하는 방법에 대한 것이었다. 그 세미나의 발표자인 크리스탄은 몇몇 미스터리를 밝히는 것으로 시작했다. 나는 곧 양자물리학이 오랫동안 근원과의 교류를 통한 현실화의 개념을 뒷받침하고 있었다는 것을 알게 되었다.

크리스탄은 이 분야에서 영향력 있는 책을 쓴 두 명의 작가를 소개해 주었다. 한 명은 『장 안에서의 삶』이라는 책을 쓴 린 맥타가트Lynne McTaggart였고, 다른 한 명은 『성스러운 매트릭스』를 쓴 그레그 브레든Gregg Braden이었다. 이전에도 양자물리학에 대해서 들어본 적이 있었고 〈일상의 현실을 바꾸는 무한한 가능성의 발견What the Bleep Do We Know?〉이라는 영화를 본 적도 있었지만 나와는 전혀 상관없는 다른 것이라고 생각했었다. 그러나 지금 나에게 이 강의는 근원에 관한 종종 복잡하기도 한 과학적 발견들을 명확하게 하는 데 도움을 주었다.

크리스탄은 양자물리학이 알려지기 전의 우리 사회는 뉴턴 시대의 과학이라는 렌즈로 세계를 이해했다고 했다. 세계에 대한 뉴턴의 물질적 관점에서의 세계는 이미 결정되었고 우주는 단단하고 바뀔 수 없는 별개의 블록 집합으로 여겨졌다. 그에 반해 양자물리학의 세계는 모든 것들이 뒤섞여 있고 언제나 바뀔 수 있는 불확정적인 것이며 다중적인 것이다.

뉴턴의 과학에서 우리는 주변 상황에 얽매여 있었고 모든 것은 우리 밖에서만 일어났다. 우리는 우리의 삶에서 일어난 것들을 조절할 힘이 전혀 없었다. "당신은 삶이 결정한 카드를 받아들여야만 한다"는 것이 그러한 삶에 대한 전형적인 표현이었다. 반면 양자물리학은 우리가 존재의 창조자임을 강조하고 있었다. 다른 말로 하면 2000년 전에 부처님이 말씀했듯 "우리의 생각으로 우리는 세상을 만들 수 있다"라고 표현할 수도 있었다. 드디어 나는 과학과 영적 영역이 만났다고 생각했다.

간단하게 말하면 양자의 발견은 우리가 생각하고 믿고 느끼는 모든 것들이 우리의 의식과 이어져 있고 그러한 생각, 믿음, 그리고 느낌은 우리 주변 세계에 분명히 나타난다는 것을 보여줌으로써 우리 모두는 인생의 연출자가 되어 우리 주변 세계의 에너지를 바꾸고 만들어갈 수 있다는 것이다.

이제 우리는 인생이라는 스스로의 영화를 만들고 그 영화는 상영해야 한다. 그것은 우리가 앞으로 살아가야 하는 홀로그램과 같은 현실이다. 그래서 어떤 뜻으로는 우리가 이미 가지고 있는 내적 언어, 시각적 형상, 그리고 모든 것들은 사실 우리 삶의 영화로부터 우리가 스스로 만든 것들이다. 그 2년 동안 내 열정은 이리저리 옮겨 다녔고, 나 역시 '삶의 목적과 운명'이라는 영화를 제작하려고 애쓰고 있었다. 다만 '엉망진창'이었지만 말이다.

만약 당신의 영화가 별로 재미없는 영화라면 의식을 바꾸어 영화를 다시 만들 수 있다. 앞으로 만들 영화의 일부는 당신에 의해서 다시 쓰이고 제작되고 연출될 것이다. 다른 부분은 믿음직한 동료인 근원이 조연출자가 되어 감당하게 될 것이다.

내가 '엉망진창'이라는 영화를 보고 있을 때 나는 근원과 교류하는 방법을 몰랐다. 나는 의식적으로 내 이야기를 쓰거나 제작하거나 연출하지도 않았었다. 그 대신 그저 편히 앉아 삶이 어떻게 하든 쳐다보고만 있었다. 내가 진정으로 바라고 있는 것이 무엇인지도 알 수 없었다.

하지만 내가 원하는 삶을 적극적으로 떠올리게 된 후에는 달라졌다. 그 영화의 주인공은 나였고 감독도 나였다. 제목은 '그녀는 아름다워!'다. 이 영화는 나의 의도와 행동의 결합, 침묵과 내맡김의 결합, 그리고 온전히 내려놓는 방법을 나에게 가르쳐준 크리스탄의 조합으로 만들어질 수 있었다.

그녀와의 첫 번째 양자물리학 수업에서 그녀는 나에게 내가 너무 현실화하려 *over manifesting* 한다고 했다. 너무 현실화한다는 것이 무엇인지도 몰랐다. 나는 네트워킹 모임, 블로그, 뉴스레터 등을 작성하는 것으로 고객들을 모으려 했다. 그녀는 내게 모든 것을 멈추고 가만히 있어야 한다고 했다. 또 모든 것을 온전히 내려놓고 특정 결과에 초점을 맞추는 것을 멈추어야 한다고 했다.

그녀는 진중하게 내게 말했다.

"내일 일어나서 당신이 좋아하는 것을 하세요. 당신 안의 현명함의 소리를 들으면서 내일 하루 종일 그 소리가 하는 것을 따르세요."

마치 출발점으로 돌아와 버린 듯했다. 하지만 그녀의 조언을 따르기로 했다. 다음날 아침에 일어나서 내가 좋아하는 요가를 한 시간 반 정도 하기로 했다. 그동안 내가 하던 수많은 일들 때문에 내 몸과 정신을 관리하는 것을 잊고 있었다. 요가 수업을 듣기 위해 차를 끌고 나갔다.

다음날 아침 요가 수업을 받으러 가는 길에 내 머릿속에서는 '스타벅스에 들러 커피를 마시자'라는 소리가 들렸다. 그 소리에 맞서 이야기했다. '하지만 난 지금 커피 마실 시간이 없어.' 전혀 수그러들지 않았다. '차를 세워 젠. 가서 커피를 마셔. 지금.' 크리스탄의 조언을 상기하며 내 머릿속에서 논리적으로 돌아가는 생각을 버리고 스타벅스로 향했다.

내 아들과 같은 학교에 다니는 아이의 엄마도 우연히 같은 줄에 있었다. 우리는 곧 이야기를 시작했고 그녀는 나에게 요즘 어떻게 지내는지 물었다. 나는 스탠포드 대학교에서 창조성과 사업에 관련된 지식을 가르칠 수 있는 과정을 수료했고, 꿈의 제작자가 되었다고 말했다. 그녀는 놀라서 물었다.

"정말로 그 사람들의 꿈을 제작해준다고요?"

나는 끄덕였다.

"정말 재미있겠네요! 어떻게 하는데요?"

"음 누군가의 머릿속에서 아이디어가 맴돌고 있는데 현실화하지 못하고 있다면 그것을 도와서 현실화할 수 있도록 해주는 거예요. 전문가들로 구성된 드림팀과 함께 사업을 계획하거나 예산안, 로고 및 홈페이지 제작과 같은 것들을 할 수 있도록 도와줘요. 그리고 마케팅 계획을 포함해서 사람들의 꿈이 현실로 이루어질 수 있도록 해주는 거지요."

"우와!"

그녀는 내게 명함을 달라고 부탁하면서 놀라움을 금치 못했다. 부모를 가르치는 사업을 준비하고 있었던 그녀는 나를 고용하고 싶어 했다. 그때는 말해주지 않았지만 그녀가 나의 첫 번째 고객이 되었다. 그다음 주에 그녀가 두 명을 더 소개해주었고 그들과도 계약을 하게 됐다. 네트워킹 이벤트에서 만난 것도 아니었고 블로그나 소셜 미디어에서 만난 것도 아니었다. 단지 내가 요가 수업을 받으러 가는 길에 근원의 소리에 이끌려 커피를 마시러 가서 일어난 일이었다. 나는 근원을 믿기만 했을 뿐이었다. 결론적으로 고객들과 학생들에게 내가 알려주고 싶은 것은 우리의 꿈이 결실을 맺을 수 있는 방법은 근원을 받아들이는 것과 행동하는 것의 조합이라는 사실이다.

인생을 만드는 4주간의 연습

그날 이후 나는 내 운명을 보편적 끌림, 매력, 그리고 행동의 법칙을 이용해서 연출하고 내가 꿈꾸던 삶을 현실화하기 시작했다. 구어빗 박사와 명상을 하면서 근원과의 소통을 통해서 명확성과 직관성을 갖추게 되었고, 제한적인 믿음을 극복하고 새로운 삶을 만들기 위해서 줄리아가 가르쳐준 방법들을 이용했고, 크리스탄에게 배운 양자물리학의 지식을 활용했다.

이 세 명의 멘토를 통해서 근원과 소통하기 위한 나만의 방법을 만들어냈다. 나는 꿈꾸던 삶을 만들어내고 주인공이 되고 싶어 하는 고객들과 학생들을 위해서 매일의 명상 및 현실화 루틴을 만들었다. 그리고 현실화를 위한 좋은 방식을 찾아냈다. 그것은 근원과의 진실한 감정 소통을 위해서 영화에서 사용하는 방법을 적용하는 것이었다. 이 책에서 나는 이러한 비밀을 여러분과 공유하고자 한다.

이 책에서 소개하는 내용은 인생의 관객에서 연출자로 변화되는 개인적인 방법을 담고 있다. 이것은 당신의 힘과 상상, 비전, 그리고 진실을 바탕으로 삶의 영화를 만들어내는 것에 관한 것이다. 당신은 당신이 원하는 모습 그대로 당신에게 편한 모습으로, 그리고 당신이 원하는 모든 것을 반영한 당신의 영화에서 주인공이 될 것이다.

근원과 소통하기 위한 방법을 알아낸 이후 나는 내 삶의 모든 분야에서 풍요로움을 느꼈다. 이러한 풍요로움은 내가 만들어낸 연습들의 결과물이자 내가 내 인생의 작가, 제작자, 그리고 연출자라는 확고한 믿음의 결과이다. 이 책을 통해 위대한 멘토들에게 배운 내용과 내가 극작가이자 배우가 되기 위해서 지난 수년간 사용한 개인적인 방법을 공유하고자 한다.

이러한 모든 것은 간단한 4주간의 단계별 프로그램으로 구성되어 있다. 이것은 나에게는 물론 수많은 학생들에게도 도움이 되어 그들의 평화, 기쁨, 사랑, 그리고 풍요로운 삶을 만들어냈다. 마법의 주문은 아니지만 마법과 같은 힘을 갖고 있는 것은 분명하다. 이 책이 당신이 원하는 삶으로 인도해주기를 기대하고 실제로도 그럴 것이라고 확신한다.

이 책의 사용법

총 4주간의 프로그램은 네 개의 파트로 나누어진 아홉 개의 연습으로 구성되어 있다. 각각의 파트와 연습은 당신이 꿈꾸는 인생의 작가, 제작자, 그리고 연출자가 되기 위한 방법들을 포함하고 있다.

첫째 주에는 인생의 작가가 되는 것이 어떤 의미인지를 배울 것이다. 당신이 출연하고 싶은 영화를 만들어내기 위한 깨달음, 명확성, 그리고 자아실현 등에 대해서 알게 될 것이다.

당신이 원하는 삶을 현실화하기 위해서는 당신이 생각하고 믿는 모든 것을 긍정적으로 조절해야 한다. 이것은 제작자가 성공적인 한 장면을 위해서 다양한 요소들을 적절하게 조합해야 하는 것과 비슷하다. 따라서 인생의 제작자가 되는 내용은 둘째 주에 소개한다.

그리고 우리는 감정이라는 언어를 통해서 근원과 소통한다. 근원은 당신이 경험했던 진실한 느낌을 통해서만 우리의 말을 들을 수 있을 것이다. 이것이 내가 셋째 주 내내 진실한 감정을 기르는 연습에 대해서 설명하고 있는 이유다. 이것을 통해서 당신은 삶의 제작자가 될 수 있다. 최종적으로 넷째 주에 당신은 책에서 벗어나 당신만의 최고의 영화를 현실화하는 인생의 연출자가 되는 방법에 대해서 배울 것이다.

이러한 방법들을 나는 '연습'이라고 부른다. 이러한 연습은 무엇인가 원하는 것을 얻기 위한 성장 과정에서 성공하기도 하고 실패하기도 한다. 우리는 연습을 할 때 처음부터 완벽하기를 바라지 않는다. 그러므로 삶의 모든 부분을 마치 연습하듯이 진행하면 된다.

이 책에서는 명상 연습, 글쓰기 연습, 그리고 현실화 연습을 소개한다. 그저 연습일 뿐이라는 생각으로 한다면 부정적인 생각은 대부분 사라지고 편안하게 시도할 수 있을 것이다.

꼭 기억해야 할 것은 누구도 기타를 든 첫날에 록 스타가 되지는 않는다는 사실이다. 악기를 연주하듯이 어떻게 하면 인생의 연출자가 될 수 있는지를 배워야 하고, 그러기 위해서는 매일의 연습과 노력이 필요하다.

간단한 단계별 접근을 바탕으로 이러한 연습을 4주간 할 수 있도록 구성했다. 매주 한 주 전의 것들을 복습하게 된다. 마지막에는 매일 15분간의 명상과 현실화 루틴을 할 수 있는 방법, 그리고 당신의 꿈을 현실화할 수 있는 추가적인 방법도 배울 것이다.

첫째 주에는 연습을 위해서 매일 10분 정도가 필요하고 둘째 주에는 12분, 셋째 주와 넷째 주에는 15분이 필요하다. 최소한 4주 동안 얼마 되지 않는 이 시간을 매일 투자할 수 있다면 당신은 꿈꾸던 삶에 한발 더 다가설 수 있다.

이 책에 있는 연습을 순서대로 해보길 바란다. 연습을 하기 전에 그 주의 내용을 주의 깊게 읽는 것이 중요하다. 내용과 연습 모두를 잘 이해해야 한다. 예를 들면 한 주의 연습 내용을 일요일에 읽고 연습을 월요일에 시작하는 것도 좋다. 매주의 마지막에 있는 Soul-work 섹션은 매주 해야 할 것들과 목표를 정리해둔 것이다.

나는 매일 연습을 하면서 엄청난 기쁨을 느꼈다. 그래서 이 프로그램을 여러분과 공유하고 싶다. 내가 그랬던 것처럼 여러분도 그 기쁨을 느낄 것이라고 생각한다. 때로는 정말로 하기 싫을 때도 있을 수 있겠지만 그냥 따라 해보자. 4주간의 연습이 끝날 즈음에는 다가올 미래를 환하게 밝혀줄 빛을 보게 될 것이다. 이제 당신이 만든 믿음을 현실화해줄 세계로 초대한다. 당신의 꿈을 현실화하자.

서둘러라. 이제 쇼가 시작되어야 하는 시간이다!

Date
첫째 주
인생의
작가가 되는 법

첫째 주 준비물

✓ 명상 공간 : 방의 한쪽 구석에 마련된 매일의 명상을 위한 공간. 의자도 좋고 작은 쿠션을 바닥에 깔아도 된다. 바로 옆의 테이블에는 초, 꽃, 그리고 그 공간을 편안하게 만들어주는 어느 것이라도 놓여 있으면 된다.

✓ 다이어리

✓ 잘 써지는 펜

당신의 영화를 써라

　당신은 작가다. 사실 모든 사람은 자기 인생의 작가다. 인생을 연출하는 첫걸음은 "나는 작가다"라고 크게 외치는 것에서 시작한다. 지금 외치고 시작하자. 해야 할 일들의 리스트를 적는 것이든 소설을 쓰는 것이든 우리는 어떤 것이든 쓴다. 또 우리는 이야기를 한다. 자잘한 하루의 일과 일지라도 우리는 언제나 이야기를 한다. 우리가 갖고 있는 창조성을 우리 삶에 함께하는 다양한 존재에 덧칠하거나 꾸며내기 위해서 사용한다. 그래서 우리 주변의 세계를 더 흥미롭게 만들 수 있다. 결론적으로 우리 모두는 예술가라고 할 수 있다.

　하지만 안타깝게도 우리 중 많은 사람들이 전혀 창조적이지 못하다는 이야기를 들어왔다. 그 거짓말을 지금까지 믿었을 것이다. 이 책에서 해야 할 일 중의 하나는 그런 거짓말을 잊어버리는 것이다. 오늘부터 당신은 자신의 삶에 극작가가 될 것이고 꿈을 이루기 위한 시나리오를 스스로 적어나갈 것이다.

나는 삶의 기로에 서 있었을 때 최고의 길이 무엇인지 찾기 위해서 시간을 허비하기보다는 뭐든지 그 순간에 나에게 보이는 길을 선택했었다. 예를 들어 만약 어느 사진작가로부터 내가 좋은 모델이 될 수 있다는 이야기를 듣게 되었다면 고민을 하기 전에 사진작가의 말을 따랐다. 필사적으로 다른 사람들의 꿈을 내게 주입시켜 왔다. 간단히 말하자면 내가 의식적으로 원하는 바를 이루기 위해서 삶을 만들어가기보다는 어디로 가는지도 모르고 그저 앞으로 나아가는 상태였다.

나처럼 많은 사람들이 삶을 만들어 가기보다는 삶이 일어나는 대로 살고 있다. 우리 중 대다수가 주변의 기대와 움직임에 박자를 맞춰 자신을 바꾸면서 살아간다. 자신이 진정으로 원하고 있는 바를 잘 모르기 때문에 어떤 기회라도 매력적으로 보이는 것은 꽉 움켜잡으려 발버둥을 친다. 하지만 변화를 찾기 위해서는 정신을 집중해서 자아에 대해 명확하게 이해해야 한다. 그러기 위해서 우리는 자신의 생각과 느낌을 이해하기 위해 혼자만의 시간을 가져야 하고 지혜, 그리고 명확성을 길러주는 연습을 매일 해야 한다.

스스로를 다시 만들어내거나 자신의 내면을 바라보는 것은 때로는 어려운 일이 될 수 있다. 심지어 공포를 느낄 수도 있다. 하지만 꿈을 위한 각본을 쓰기 위해서는 지금의 상황을 조용히 바라보고 더 깊게 이해해야 하며 주변의 어려운 문제들에 대해 질문하고 그 대답을 찾아야 한다. 그 질문들은 '나는 누구인가? 내가 진정 원하는 것은 무엇인가?'와 같은 것들이다. 사람들이나 회사로부터 방해받지 않는 조용한 공간에서 자신에 대해 생각하게 되면 불안함과 함께 무능하고 아무것도 아닌 존재라는 생각들이 떠올라 머릿속을 가득 채우게 될 수 있다. 그래서 대부분의 사람들은 공포에 가득 차게 되는 이러한 조용한 공간에 머물며 자신에 대해 생각하는 것을 거부하고 지금보다 더 나은 각본을 쓰는 것 자체를 포기하게 될 수도 있다.

비밀 하나를 말해주고 싶다. 성공적인 삶을 살고 있는 사람들 역시 당신만큼이나 그러한 것들을 두려워한다. 그러나 그들은 공포에 사로잡힐 때까지 멍하니 기다리지 않는다. 그들은 그러한 공포에도 불구하고 원하는 바를 위해서 용기라는 또 다른 무기를 꺼내어 든다. 사실 공포가 없다는 것은 공포가 전혀 존재하지 않는다는 것을 말하는 것이 아니라 용기가 있다는 것을 의미한다. '엉망진창'이라는 영화에서 내 역할을 찾아내고 거기서 한발 나아가 '그녀는 아름다워'라는 영화에서 더 멋진 역할을 하기 위해서는 이제 용감하게 펜을 들어야 할 때이다.

당신의 인생을 변화시킬 각본이 완벽할 필요는 없다. 그저 '진실함'이 필요할 뿐이다. 만약 당신이 스스로 만들어낸 각본을 실행하기 시작한다면 당신의 인생은 곧 예술 작품이 될 것이다. 만약 당신에게 가장 적합한 방법으로 이 일을 계속할 수 있다면 당신의 운명을 바꾸는 역작이 탄생할 것이다.

꿈을 찾는 세 가지 연습

실제 영화 업계에서 극작가가 각본의 첫 줄을 쓰기 위해서는 엄청난 양의 준비 과정이 필요하다. 갑자기 아무 목적 없이 글을 쓰기 시작하는 것이 아니라 캐릭터 분석과 같은 연구 과정이 포함된다. 극작가가 쓰는 모든 것들은 주요 캐릭터에게 어떠한 동기를 제공하거나 영감을 주기 위한 것이다. 그 캐릭터가 살게 되는 집과 건물 같은 물리적 공간도 존재하고 그들이 좋아하는 것, 싫어하는 것, 그리고 희망과 꿈 등도 존재한다.

이 모든 것들을 하기 위해서 극작가들은 우선 그들이 살고 있는 세계를 관찰하고 노트에 적어야 한다. 만약 그 연구에서 의도적으로 필요한 것들을 고르는 것이 가능하다면 영화에 유동성을 주거나 방향성을 잡을 수 있다. 나는 독립 영화사를 운영하던 초반기에 이러한 것들을 배웠다.

극장에서 본 영화를 떠올려보자. 그 영화들은 하나 같이 커다란 변화를 겪고 있는 캐릭터에 관한 이야기이다. 그러한 것들을 캐릭터의 '아크 Arc'라고 부르는데 극작가가 효과적으로 글을 쓰려면 영화의 주요 캐릭터들의 변화를 전체적으로 그려두어야 한다.

그렇다면 당신의 영화는 어떠한가? 다른 모든 좋은 극작가들처럼 당신도 영화의 주인공(당신)이 어떻게 변화되기를 바라는지에 대해서 글을 쓰기 이전에 명확하게 알고 있어야 한다. 내 수업이나 워크숍에 참석하기 시작한 학생들에게 꿈꾸는 삶을 만들려고 하는데 잘되지 않는다는 이야기를 심심치 않게 들었다. 그런 이야기를 들을 때마다 나는 항상 두 가지를 물어본다.

첫 번째는 "당신의 꿈은 무엇인가요?"이다. 대체로 "전혀 모르겠어요"라는 대답이 돌아온다. 바로 이게 문제다. 대부분의 사람은 자신이 원하는 바가 무엇인지 명확하게 알지 못한다. 그들은 다른 사람들이 요청한 꿈에 길들여져 정작 본인이 원하는 것이 무엇인지 모른다. 부모님은 집안의 사업을 물려받아야 한다고 하고 친구들은 좋은 사람을 만나서 아이를 낳고 자리를 잡아야 한다고 한다. 하지만 그들도 역시 자신이 무엇을 원하는지 전혀 모른다. 이런 모든 불확실함이 근원에 불확실한 메시지를 보내고 있을 뿐이다. 그래서 결국 우리의 삶은 불확실한 영화가 되어버린다. 아마도 회계 사무소에서 일을 하는 누군가는 이러한 삶이 만족스러울 수도 있지만 무엇인가 부족함을 느낄 수도 있을 것이다. 혹은 좋은 사람을 만나서 좋은 관계를 맺고 있는 사람도 어느 정도 좋기는 하지만 무엇인가 빠진 것이 있다고 느낄 수도 있다. 비록 마음 깊은 곳에서는 다른 영화를 쓰고자 하는 바람이 있음에도 사람들은 이러한 생활을 적당히 받아들이면서 살게 된다. '난 회계 업무가 좋아, 하지만 난 작곡하는 것을 사랑해. 이 사람이 나쁘지는 않아, 하지만 불꽃 튀는 무엇인가는 없네.'

두 번째는 "당신이 누구인지, 그리고 무엇을 하고 싶은지를 알기 위해서 꿈을 찾는 세 가지 연습을 부지런히 하고 있나요?"이다. 대체로 그렇게 하고 있지 않다는 대답이 돌아온다. 그들에게 요구한 연습은 이 프로그램의 첫째 주를 위한 중요한 것들이다. 그리고 이 연습이 주변과 다른 차이를 만들어낸다. 그 연습은 다음과 같다.

❋ 마음 챙김 : 꿈을 만들기 위한 자각 기르기
❋ 명상 : 꿈을 찾기 위한 명확성 기르기
❋ 일기 쓰기 : 꿈을 쓰기 위한 자기 인식 기르기

이 연습은 당신이 꿈꾸는 삶을 살기 위한 기초가 될 것이다. 쉽게 건너뛰면 안 된다. 당신이 사랑하는 삶을 살기 위한 방법에는 지름길이 없다. 어쩌면 엄청나게 힘든 일은 아닐지도 모르지만 분명한 것은 인생을 디렉팅하기 위해서는 노력이 필요하다는 것이다.

끌어당김의 법칙

첫째 주에는 여러 가지 연습을 알려주고 끌어당김의 보편적 법칙에 대해서 설명할 것이다. 이 법칙은 의식과 잠재의식 간의 연결 통로이다. 그 전제는 간단하다. 당신이 주의 깊게 집중하는 것이 삶에서 분명히 드러나게 될 것이다. 그래서 당신이 무엇에 집중하고 있는지를 아는 것이 중요하다. 만약 당신이 언제나 최악의 시나리오만을 그린다면 모든 나쁜 에너지가 당신 주변에 모으게 될 것이다. 나쁜 에너지는 나쁜 결과를 가져올 것이며 나쁜 결과에 대해서 당신은 훨씬 더 민감하게 반응할 것이다.

끌어당김의 법칙에 집중하는 연습은 당신의 내면과 주변 세계에 훨씬 더 집중할 수 있도록 도와줄 것이다. 긍정적인 것들에 집중하는 방법을 배우면 지금의 상태를 변화시킬 수 있을 것이다. 이러한 변화는 마법과 같이 강력하다.

무엇을 하고 싶은지 정확하게 알고 있었을 때로 잠시 돌아가 보자. 학교의 농구팀 선수가 되고 싶었을 때였거나, 공부하고 싶은 전공을 가르치는 대학을 발견했을 때였을 수도 있다. 그때는 분명히 무엇을 해야 할지 모르는 때와는 다른 순간이었을 것이다. 매일 열심히 연습을 하거나 공부를 하고 대학에 원서를 냈을 것이다. 그것이 바로 끌어당김의 법칙이다. 모든 것이 분명하다면 당신은 그것을 이루기 위해 더 많은 노력을 하게 된다. 당신이 하고자 하는 것이 더 확실해질수록 당신 삶의 영화에 그 경험이 더 빨리 찾아올 것이다.

이 프로그램을 바닥에 놓인 흙이라고 생각하자. 앞으로 4주간 그 흙에 당신이 바라는 인생이라는 나무를 심게 될 것이다. 각각의 씨는 꿈이다. 당신은 꿈을 어떻게 흙에 배양하는지를 배우게 될 것이다. 꿈이라는 씨를 모두 심은 후에 필요한 것은 약간의 인내심이다. 그리고 미처 깨닫기도 전에 그 꿈은 성장하고 있을 것이다. 첫째 주에 시작하게 될 매일의 연습은 다음 단계를 더욱 명확하게 해줄 것이고 그럼으로써 성장이 시작될 수 있다.

하루 15분, 마음을 챙기는 시간

삶의 작가가 된다는 것은 자신에게 무엇이 가능하고 가능하지 않은지에 대해서 솔직해진다는 의미이다. 당신이 지금 하고 있는 일, 주변 사람들과의 관계, 친구들을 진실하게 바라보아야 한다. 이 워크숍이나 수업을 할 때마다 언제나 중간에 포기하는 사람을 볼 수 있다. 보통 그런 사람들은 내 눈을 바라보기를 두려워하고 스스로의 진실을 바라보는 것을 두려워하는 것이 보이기때문에 첫째 주에 그런 사람을 찾아낼 수 있다. 만약 당신의 영화가 열정, 목적, 그리고 즐거움이 부족해 보인다면 당신은 이 책을 읽고 이해함으로써 무엇인가를 변화시키거나 다시 쓸 필요가 있다. 당신은 중간에 포기하는 사람이 아닐 것이다.

물론 열정이나 즐거움을 무시하고 공포나 의심 등을 모두 숨겨두는 것이 쉬운 선택이기는 하다. 하지만 어느 날 숨겨놓은 덩어리가 너무 커진다면 모든 것들이 흐트러지기 시작할 것이다. 그게 대부분의 사람들이 말하는 '모닝콜' 혹은 긴급한 주의가 필요한 시점이다. 누군가가 암을 진단받거나, 교통사고가 나거나, 갑자기 사랑하는 사람을 잃었을 때와 같다. 이러한 일들이 발생하면 사람들은 모든 것을 다시 고민하게 되고 삶의 중요도를 다시 따져보게 된다. 그리고 삶이라는 것이 얼마나 소중하고 짧은지를 깨닫게 된다.

나는 삶이 그런 상황을 강요하기 이전에 첫째 주의 연습을 통해 모든 것들을 감추고 있던 장막을 걷어내고 그 안에 있는 모든 것들을 끄집어내도록 할 것이다. 삶의 속도를 늦추고 경청하는 방법을 알려줄 것이다. 당신은 과거의 후회로부터 현재의 순간으로 다시 돌아와 가슴속에 있는 것을 조절하는 방법을 배우게 될 것이다. 그리고 당신의 영혼이 말하는 것을 받아 적으며 당신의 진실을 발견하게 될 것이다.

첫째 주의 연습을 실행하는 동안 당신은 하루 중 특정한 시간, 즉 15분을 마음 챙기기 연습을 위해서 사용해야 한다. 10분은 명상의 시간이고 5분은 매일의 일기를 쓰는 시간이다. 뒤에 나오는 첫째 주의 세 가지 연습을 읽고 연습 3 이후의 영적 훈련soul-work을 시작해보자.

마음 챙김

"지금 이 순간을 떠나서는 우리도 없고 세계도 인생도 없다.
지금 이 순간을 놓쳐버렸을 때, 그것은 인생을 놓쳐 버린 것이다."

– 아우구스티누스(Augustinus)

내가 처음으로 현재의 순간에 완전히 빠져 있었을 때는 색깔 걷기를 할 때였다. 그것은 내 멘토인 줄리아 로메인이 내준 숙제인데, 어떤 한 가지 색을 고른 후에 전화기를 비롯해서 어떠한 방해 거리도 없이 집 밖에서 15분 동안 그 색을 찾아보는 것이었다. 그녀는 내가 이전에는 인식하지 못했던 것들을 인식하게 될 것이라고 확신했다.

그녀의 말을 의심할 수밖에 없었다. 이미 이 집에서 2년을 넘게 살아왔고 애완견 맥스를 데리고 매주 두 번씩은 동네를 돌아다녔다. 내가 보지 못한 것이 더 있을 것이라고는 생각할 수 없었다. 하지만 일단 의심을 거두고 노란색을 고른 후 문을 열고 나갔다. 집 밖에서 처음 본 것은 노란색 꽃이 핀 커다란 나무였다. 탄식이 절로 나왔다. 집 앞에 나와 있는 이웃에게 물어보았다.

"저 꽃이 밤새 핀 건가요?"

그녀는 이상하다는 듯 나를 보며 말했다.

"무슨 소리에요 젠, 아마 꽃이 핀지 3개월은 되었을 걸요?"

말문이 막혔다. 그 아름다운 나무가 매일 내가 집을 나설 때마다 그곳에서 반겨주고 있었는데 전혀 모르고 있었다. 이런 새로운 경험에 도취되어 맥스와 내가 항상 걸어 다니던 길을 걷기 시작했다. 노란색은 어느 곳에나 있었다. 노란색 벤치, 노란색 지붕, 노란색 문들. 모두 내가 한 번도 인식하지 못했던 것들이었다. 내 눈은 그전에도 물리적으로는 이것들을 바라보았겠지만 그저 일상이라는 렌즈를 통해서 본 것뿐이었다. 지금 내가 일부러 그 색을 찾아다니자 그 물건들은 마치 그날의 맑은 날씨처럼 명확하게 보였다. '내가 지금 눈앞에서 놓치고 있는 게 또 뭐가 있을까?' 나는 궁금해졌다. 이것이 바로 마음 챙기기이다. '지금 이 순간'을 자각하고 느끼는 것이다.

우리가 삶을 주의깊게 살피기만 한다면 근원은 언제나 우리가 의도한 운명 혹은 꿈으로 우리를 이끌고자 한다. 때로는 놀라울 정도로 우연한 상황에서 운명은 다가오기도 한다. 그때는 갑자기 세상의 모든 것들이 한 순간에 내 발 앞에 다가와 내가 한 걸음 전진하기 위해 필요한 것들로 보이기 시작한다. 솔직히 말하면 훨씬 더 많은 순간에 운명은 눈앞에 있으면서도 보지 못했던 노란색 꽃으로 덮인 나무와 같이 우리 곁에 숨어 있다.

지금 이 순간에 살기

지금 이 순간에 집중하지 않는다면 근원이 보여주고 있는 것을 놓치기 십상이다. 근원이 꿈을 만드는 것을 도와주고 함께 만들어가려면 당신은 마음 챙기기 연습을 해야 한다. 그래서 이 책의 첫 번째 연습이 마음 챙기기이다. 내 삶은 지금 이 순간에 살기 위한 연습으로 모든 것이 바뀌었다. 나는 과거에 집착하지 않는 방법과 일어나지도 않은 미래를 두려워하지 않는 방법을 배웠다. '지금 이 순간에 있어라', '현재에 있어라'와 같은 자기계발서의 가르침을 읽던 때에 나는 "나는 지금 이 순간에 있다고! 아침을 먹고 나서 지금까지 여전히 지금에 계속 있다고!"라며 소리치곤 했다. 하지만 이제서야 비로소 그 뛰어난 책들이 말하고자 하는 바를 이해하기 시작했다. 그 가르침을 색깔 걷기에서 보았고 그 새로운 발견은 한 사람의 변화가 단지 책을 읽는 것에서 오는 것이 아님을 알게 해주었다. 우리는 책을 내려놓고 훈련을 할 시간이 필요하다. 실제로 경험하는 것만이 유일한 방법이다.

자연 속에서 지금 이 순간에 있는 나를 찾는 것이 나에게는 효과적이었다. 어떤 사람들은 공원을 걷거나 수영을 하거나 그냥 뒷마당에 앉아 있는 것이 효과적일 수도 있다. 가장 좋은 장소는 자신의 의식과 주변에 더욱 집중할 수 있는 공간이다. 그런 장소를 찾는다면 그 순간에 이미 지금의 순간을 살고 있음을 느낄 것이다.

언제나 잘못될 것들이 두려워 걱정을 하면서 사는 사람들을 본 적이 있는가? 그들은 자신에게 그리고 다른 사람에게 부정적인 것들이 마치 당장이라도 일어날 것처럼 이야기한다. 만약 그런 사람들을 조금 더 주의 깊게 본다면 그들의 그런 걱정이 곧 그들에게 일어난다는 것을 볼 수 있을 것이다. 만약 그들이 언제나 나쁜 인간관계 때문에 우울해하고 있다면 그런 상황들이 계속 발생할 것이다. 만약 그들이 파산을 걱정하고 있다면 곧 파산하게 될 것이다. 끌어당김의 법칙은 그렇게 작용한다. 당신이 주목하는 것이 당신이 끌어당기고 있는 것이다.

또한 그러한 사람들은 거의 지금 이 순간에 살고 있지 않다는 것도 알게 될 것이다. 그들은 때때로 미래에 일어날 잘못된 일들을 걱정하곤 한다. 때로는 절대로 일어나지 않을 시나리오에 집중하기도 한다. 그러지 않을 때에는 과거에 매달려 있기도 한다. '그랬더라면, 이랬어야 했는데' 혹은 '이럴 걸, 그랬는데' 등의 단어들이 바뀔 수 없는 일들에 대한 후회를 표현해준다. 이러한 '만트라(Mantra : 명상이나 기도를 할 때 외우는 주문)'는 앞으로의 새로운 현실보다는 이미 지나간 과거에 더 집착하게 만든다.

물론 지난 시간을 돌아보는 것은 중요하다. 그렇게 함으로써 한발 더 전진할 수 있다. 과거의 일들에서 교훈을 얻을 수도 있다. 그럼으로써 배우고 성장할 수 있다. 하지만 걱정하거나 후회하는 것은 절대로 도움이 되지 않는다. 우리는 걱정할 때 공포와 초조함을 경험한다. 우리가 후회할 때면 슬픔, 우울 혹은 화남까지도 함께 느끼게 된다. 만약 우리가 대부분의 시간을 미래든 과거든 우리 머릿속에 있는 것들에 소모한다면 우리에게 주어지는 보편적인 근원의 계시를 받지 못할 것이다. 이러한 경고들이 우리에게 보여주는 것은 우리가 어떻게 생각하고 느끼는가에 따라 인생의 방향이 달라짐으로 우리는 깨어 있어야 한다는 것이다.

앞서 언급했듯이 그게 무엇이든 우리가 집중하고 있는 것들이 비슷한 것들을 끌어당기기 때문에 비슷한 주파수의 신호들이 우리에게 온다. 이것은 양자물리학의 기본 개념으로 이러한 것들을 이해하기 위해서 박사학위가 꼭 필요한 것은 아니다. 양자의 영역에서 에너지는 다양한 주파수로 떨리는 전자기 파동의 형태로 존재한다. 사랑과 같은 높은 주파수가 있고 공포와 같은 낮은 주파수가 있다. 특정한 주파수로 떨리는 에너지는 비슷한 주파수의 떨림을 끌어당기는 성향이 있다. 이러한 방법으로 자성과 같은 성질을 갖고 있는 에너지는 비슷한 에너지를 끌어모으게 된다.

커다란 라디오 방송국에서 근원의 에너지가 하늘로 송출되고 우리가 켜둔 주파수에 맞는 것들이 우리에게 도달한다고 생각하면 쉽다. 마치 인공위성이 지구를 돌고 있는 것과 같다. 만약에 주파수가 공포나 초조함에 맞춰진다면 혹은 주파수가 지난 시간의 후회에 맞춰진다면 당신은 그 주파수를 수신하게 될 것이다. 공포는 더 많은 공포를 끌어들이고 화는 더 많은 화를 끌어들인다. 우리에게 도움이 되지 않는 과거에 살고 있거나 미래의 잘못된 일들에 매달려 있다면, 우리는 더 많은 문제를 안게 될 것이다. 하지만 마음 챙기기 연습을 함으로써 이러한 문제들을 행복으로 바꿀 수 있다.

한 가지 사례를 들어 설명해보겠다. 내 학생이었던 피터는 아내와 헤어진 이후 3년간 커다란 고통의 시간을 보냈다. 수면 장애를 겪었고, 매일 밤 자신의 실수를 후회하며 보냈고, 영원히 고독한 삶을 살까 봐 걱정했다. 그에게 어떤 느낌이냐고 물었을 때 그는 "슬퍼요"라고 간단히 대답했다.

나는 피터에게 그가 과거로 돌아간다면 다른 결정을 할 수도 있었으리라는 후회를 하지 말라고 했다. 대신 방에 앉아서 후회와 과거의 다른 결정 등에 대한 생각을 버리라고 했다.

"그냥 멈춰서 방을 둘러보세요. 아름다운 나무 바닥, 초, 그리고 부드러운 노란색 벽이 있잖아요."

그는 주변을 둘러보고는 말했다.

"정말 괜찮아지는 듯해요. 조금은 안정되는 것 같아요."

"지금 이 순간에는 후회하거나 걱정할 것이 아무것도 없어요. 이 순간에는 모든 것이 아주 좋아요."

그가 처음으로 웃으며 말했다.

"정말이에요."

그에게 얇은 파란색 끈을 주고는 손목에 감으라고 했다. 과거의 후회가 떠오를 때마다 이 끈을 보면서 그가 평화를 느꼈던 지금 이 순간으로 계속 돌아올 수 있도록 하라고 했다. 바로 그때, 또 다른 학생인 베티가 문을 두드렸다. 그녀에게 잠시만 기다려 달라고 했다. 그때 피터가 말했다.

"아니에요, 괜찮아요. 나는 해결된 것 같아요."

베티가 방에 들어오는 순간 나는 둘 사이에서 약간의 미묘한 감정을 느낄 수 있었다. 나는 직감에 따라 둘만을 방에 있게 하려고 잠시 안에서 기다리라고 말하고는 방에서 나왔다. 내가 돌아왔을 때 그들은 웃으며 이야기하고 있었다.

만약 피터가 몇 분전 지금 이 순간으로 돌아오지 못했다면, 그는 근원이 그에게 보내준 선물을 절대로 보지 못했을 것이다. 나는 베티와 피터가 지금은 사랑하는 관계라는 것이 정말 행복하다.

마음 챙기기 연습을 함으로써 당신은 어느 주파수에 맞추어야 할지를 깨닫게 될 것이다. 스스로 '내 마음이 어디에 있지?'라고 물어봄으로써 연습할 수 있다. 이것을 매일 세 번씩 해본다면 당신이 언제 저주파 상태인지 알게 될 것이다. 그리고 천천히 지금 이 순간으로 돌아오며 평화로운 주파수로 바꾸어라.

우리는 오직 우리를 가장 가능성이 높은 미래로 이끌어주는 계시를 찾음으로써 '지금 여기'에 있을 수 있다. 그래서 우리는 우리가 꿈꾸는 삶을 만들려고 할 때 평화, 즐거움 혹은 감사와 같은 높은 주파수의 감정 상태로 마음의 관심과 힘을 조절하고 유지하는 것이 가장 중요하다(연습 6에서 부정적인 감정을 긍정적인 감정 상태로 바꿀 수 있는 방법에 대해서 알려줄 것이다).

이야깃거리 찾기

극작가들은 그들 주변의 세상을 관찰하여 이야깃거리가 될 만한 것들을 모으는 능력이 있다. 그들은 사람들과 그 주변의 일들을 바라보면서 새로운 이야깃거리를 만들어내는 방법을 배운다. 당신도 당신 삶의 영화를 만들기 위해서는 극작가들이 사용하는 방법을 배워야 한다. 내가 썼던 이야기의 주인공은 어느 부유한 여자였다. 그녀의 이야기를 준비하면서 나는 주변의 고급 주택 지역을 돌아다녔었다. 옷을 잘 차려입고 비싼 명품을 파는 가게에 들러서 사람들이 나를 어떻게 대하는지 직접 경험해 보기도 했다.

지금 이 순간에 있는 것의 또 다른 장점은 당신 삶의 영화에 필요한 것들을 제공해주는 주변 세계를 훨씬 더 잘 이해할 수 있다는 것이다. 자신의 시나리오를 쓰는 작가로서 우리는 우리가 꿈꾸고 있는 세상에 살고 있는 것이 어떤 느낌인지 경험해볼 필요가 있다. 그런 경험이 전혀 없는 상태에서 새로운 삶에 대한 글을 쓴다는 것은 불가능하다.

최근에 내 동료인 파멜라 존스Pamela Jones를 만나면서 나는 새로운 세계를 경험했다. 파멜라는 남부 프랑스에 집을 갖고 있는 사진작가다. 그곳에 있는 동안 나에게 2천만 달러짜리 요트 사진을 찍을 기회가 생겼다.

나는 배가 고파서 항구에서 간단하게 배를 채운 후에 파멜라를 만나기로 했다. 파멜라는 먼저 요트로 가면서 내가 점심 식사 후 승선할 수 있도록 승무원에게 일러두었다. 약 20분쯤 후 요트에 도착하자 그 승무원은 벨벳 로프 앞에 서서 나를 맞아주었다.

"그레이스 양이신가요?"

"네."

"다들 위층에서 기다리고 계십니다. 저를 따라오세요."

미래의 내 모습을 그리면서 내가 이 요트의 주인인 것처럼 행동했다. 승무원을 따라가면서 나는 더 자신감 있게 걷게 되었고 마치 귀족인 듯 느껴졌다. 상갑판에 있는 파멜라를 만났을 때 기다렸다는 듯 다른 승무원이 샴페인을 줬다.

"여기 있습니다. 그레이스 양"

순간 "고마워요. 이제 괜찮다면 목욕을 준비해줄래요?"라고 말할 뻔했다.

그곳에 있는 동안 몬테카를로Monte Carlo가 보이는 편안한 소파에 앉아서 내 역할에 집중했다. 그곳에서 내가 만든 캐릭터가 되어 있었고 실제로 내가 그 요트의 주인이라고 생각하기도 했다. 그곳에 있는 동안 너무나 새로운 캐릭터에 집중한 나머지 일을 마치고 떠날 때는 낯선 느낌마저 받았다.

그날 이후에 나는 포토샵을 이용해서 'Lady Grace'라는 단어를 예쁘게 새긴 멋진 요트 사진을 내 비전보드에 추가했다. 이전에는 요트를 갖는 것에 대해서 생각해본 적이 없었지만 그 경험이 나에게 새로운 즐거움을 주었다. 사실 내 미래의 삶을 적을 때 언제나 나는 나를 위한 이야기를 적었다(이 책에서 당신도 어떻게 해야 하는지 알게 될 것이다). Lady Grace는 내 것이다. 이미 내 미래의 현실에 주파수가 맞추어져 있었기에 근원이 그 요트에 승선한 날의 내 요청을 들었다는 것을 안다. 그러므로 근원은 때가 되었을 때 나에게 Lady Grace를 갖다 줄 것이다. 주변을 잘 둘러본다면 이러한 영감을 주는 이야기는 정말 다양하게 존재한다.

나의 또 다른 좋은 학생이자 보석 디자이너인 콜린Collen은 언제나 Neiman Marcus 백화점에서 그녀의 컬렉션을 판매하고 싶어 했다. 매주 한 번씩 그녀는 백화점에 들어가서 다른 디자이너들의 작품을 관찰하곤 했다. 그녀는 그곳에 전시되어 있을 자신의 작품을 상상하곤 했다. 그리고 나서 그녀는 명상 시간 동안 매일 그 꿈에 집중했다. 곧 근원은 그녀에게 Neiman Marcus 백화점의 구매팀장과 미팅할 기회를 주었다. 이것을 우연이라고 생각하는가? 난 그렇게 생각하지 않는다. 이 책을 쓰고 있는 동안 콜린에게 전화가 왔다. 그녀는 Neiman Marcus 백화점과 미팅 일정을 잡았다고 했다. 그녀가 꿈꾸던 업체에서 그녀의 작품에 관심을 갖고 있었던 것이다.

또 다른 학생인 데비Debbie는 완벽한 사랑을 찾기 위해 똑같은 방법을 사용했다. 그녀는 그녀의 친구인 데이비드David가 로맨틱하다고 생각했다. 그는 그녀의 여자친구에게 종종 꽃을 보내기도 했고, 그녀를 위해 문을 열어주기도 했고, 그녀에게 예쁘다는 말을 자주 해주었다. 데비는 그와 같은 애인을 찾기를 바랐다. 그녀는 그녀의 친한 친구의 남편인 맥스Max에게 이야깃거리를 찾았다. 맥스는 여행을 좋아하고 모험을 좋아했다. 데비는 데이비드와 같이 친절하고 로맨틱하고 맥스와 같이 모험심이 있는 사람을 떠올릴 수 있었다. 아마도 완벽한 남자일 것이다. 그녀가 만나게 된 다음 남자는 두 사람을 적당히 섞어놓은 듯한 모습이었다. 그녀는 그를 만났을 때, 자신의 대본에 쓰여 있는 바로 그 남자를 찾았음을 알 수 있었다. 그녀는 근원이 그녀의 요청을 들은 것이라고 확신했다. 또 다른 우연일 뿐이라고? 나는 그렇게 생각하지 않는다.

마음을 챙기는 훈련

우리의 뇌는 일종의 빈 땅과 같다. 꿈을 만들 수 있는 공간이 있지만, 그 공간이 걱정과 후회로 가득 차 있다면 우리의 꿈을 실현시키기 위해 필요한 창의적인 공간을 찾아낼 수 없다. 마음을 챙기는 것은 그러한 마음속의 부정적인 것들을 버릴 수 있도록 도와준다. 지금 이 순간은 조용하고 평화롭다. 당신이 당신의 '공간' 안에서 평화롭고 조용할 때 모든 것은 더 명확해질 것이다.

마음을 챙기는 연습을 함으로써 우리는 삶의 트라우마(정신적 외상)와 같이 견디기 힘든 순간들을 더 잘 다룰 수 있다. 예를 들면 아버지가 암이 재발했다는 소식을 들었을 때, 나는 그 암이 불치인지 아닌지를 알기 위해서 나흘을 기다려야 했다. 그렇게 몹시 괴로운 순간을 견디고 미래가 어떻게 될지 알 수 없는 경우라면 우리는 가장 안 좋은 것들을 떠올리기 마련이다.

나 역시 나흘간 그런 생각들을 하도록 나를 놔둘 수도 있었다. 하지만 아버지가 여전히 살아 계시는 지금 이 순간으로 나 스스로를 끌고 왔다. 뒷마당에서 새의 노랫소리를 듣고 꽃을 바라보면서 내 마음속에 걱정과 공포가 없는 공간을 만들었다. 그렇게 함으로써 나는 지금으로 돌아와서 배려 깊은 어머니이자 집중하는 선생님으로 그리고 긍정적인 딸의 모습으로 돌아와 그 시간을 평화롭게 견딜 수 있었다.

이처럼 지금 이 순간에 머물기 위한 훈련을 '오감 체크인'이라고 한다. 나는 어느 한순간, 하나의 생각과 감각에 동시에 집중하기가 정말 힘들다는 것을 깨달았다. 꽃 냄새에 집중하고 있으면서 동시에 냄새를 즐기고 있다는 생각을 할 수는 없다. 그러므로 만약에 오감(시각, 후각, 청각, 촉각, 미각)에 모두 집중한다면 당신은 어떠한 귀찮은 생각도 떠올릴 수 없을 것이다.

다음에서 오감 체크인 훈련과 몇 가지 다양한 난이도와 특징을 가진 방법들을 설명했다. 당신은 각각을 스스로의 마음 챙기기 연습을 위해서 사용할 수 있고 근원과 공진하며 사는 능력을 기르기 위해서 사용할 수도 있다.

훈련 : 오감 체크인

나는 오감 체크인 훈련을 매일 한다. 당신은 이 훈련을 현실화 및 명상 루틴(이것에 관해서는 연습 3이 끝날 즈음에 설명할 것이다) 전에 정신을 맑게 하기 위해서 사용할 수도 있다. 또는 이 연습을 잠들기 전에 모든 생각을 지우는 데 사용할 수도 있다. 다른 생각들 때문에 정신이 흐트러지기보다는 이불 냄새와 베개의 편안함에 집중할 수 있다.

오감 체크인은 언제 어디서나 할 수 있는 매우 간단한 훈련이다. 확실하게 머릿속에 있는 잡생각들을 지우고 지금의 순간으로 돌려놓을 수 있는 효과적인 방법이다.

자, 이제 읽는 것을 멈추고 주변을 돌아보자.

첫째, 시각에 집중하자. 주변에 보이는 물체 하나하나의 색깔과 형상들에 집중하다 보면 그전에 보지 못했던 것들도 보일 것이다. 만약 과거나 미래의 잡념들이 떠오른다면 다음 물체로 넘어가면 된다.

둘째, 후각에 집중하자. 공기를 깊게 들이 마시고 방의 냄새를 느껴보자. 창문을 열고 상쾌한 공기를 마셔보자.

셋째, 청각에 집중하자. 방 안에 들리는 어떤 소리라도 좋다. 그리고 방 밖의 소리도 좋다.

넷째, 촉각을 느껴보자. 옷을 느껴보거나 볼 끝에 닿는 공기를 느껴보거나 창가에 있다면 등에 내리쬐는 따사로운 햇볕을 느껴보자.

다섯째, 미각을 느껴보자. 입안에서 이리저리 혀를 굴려보고 침을 삼켜보자. 입안의 맛을 느껴보자. 퀴퀴한 맛인가? 아니면 신선한 맛인가?

이런 다섯 가지의 감각을 모두 한꺼번에 느끼면서 숨을 들이켜보자. 몸에 공기가 어떻게 흐르는지 느껴보자. 마지막으로 방으로 돌아와서 방 안에 있는 모든 것들과 함께 있음을 느껴보자. 그 순간에 잠시 머무르자. 방금 만들어낸 편안한 상태를 느껴보자.

이러한 연습은 매일 할 수 있다. 그리고 당신이 공포, 초조 혹은 무서움 등을 느끼고 있을 때 이러한 연습은 당신의 마음을 평온한 상태로 돌아오게 도와줄 것이다. 당신은 무한한 창조적인 에너지장이 주변을 감싸고 있음을 느낄 수 있을 것이고, 평화로움을 느끼고 집중할 수 있는 상태로 돌아오게 될 것이다. 이제 우리는 무엇이든 하고 싶은 것들을 현실화시킬 준비가 됐다.

훈련 : 내 마음은 지금 어디에 있을까?

창조적 이해 여행The Creative Insight Journey 과정을 진행하면서 학생들을 가르치는 동시에 내가 했던 또 다른 간단한 훈련은 그날 하루 종일 내 마음이 어디에 있는지 확인하는 것이다. 필요한 것은 하루에 세 번 알람이 울릴 수 있도록 휴대전화를 설정하는 것뿐이다.

알람이 울렸을 때 잠시 모든 것을 멈추고 내 마음이 지금 어디에 있는지 돌아보면 된다. 만약 알람이 울렸을 때 당신의 마음이 다른 장소에 있다면 숨쉬기의 힘을 빌려서 다시 현재의 상태로 돌려두면 된다.

크게 숨을 들이마시며 '지금 여기에 있자'고 자신에게 말하자. 이 훈련을 첫째 주 동안 매일 세 번씩 하자.

훈련 : 15분간의 마음 챙기기

한 단계 높은 마음 챙기기 연습을 하기 위해서는 방해받지 않을 수 있는 시간 15분이 필요하다. 지금 이 순간에 대한 자각과 경험을 더하기 위해서 매주 한 번씩은 해보자.

우선 좋아하는 활동을 한 가지 고르자. 그리고 15분으로 타이머를 맞추자. 모든 전화기, TV 혹은 컴퓨터와 같은 것들은 꺼두자. 이 시간 동안 오감이 모두 활발해질 수 있도록 한 가지 활동에 전념하자. 매 순간 미래나 과거에 대한 생각이 돌아온다면 생각을 지우고 다시 지금 하고 있는 것에 집중하자.

첫째 주 동안 최소한 한 번은 15분간의 마음 챙기기 연습을 하자. 어떤 것이든지 좋아하는 활동을 하면 되는데 다음과 같은 예가 있다.

❈ 온전하게 집중해서 요리를 해보자. 스프를 만든다면 팔이 움직이는 근육을 느껴보고 당근을 썰고 있는 느낌을 느껴보자. 칼이 도마에 부딪힐 때의 소리를 느껴보자.

❈ 한 가지 색을 정해서 산책하자. 한 가지 색을 정해서 집 앞에 나와 색깔 걷기를 하면서 오직 그 하나의 색깔만을 찾아보자.

❈ 물을 느끼고 몸에서 떨어지는 물방울을 느끼면서 샤워를 하자. 비누 냄새를 맡아보고 상쾌함을 느껴보자. 손과 발에 마사지 오일을 바르고 몸을 알아가자.

❈ 조용하게 맛을 느끼며 음식을 먹자. 각 재료들이 어디서 왔는지, 누가 키웠는지, 그리고 누가 슈퍼마켓까지 배달했는지 생각하면서 먹어보

자. 모든 것들이 하나로 연결되어 있음을 느껴보자.

이러한 마음 챙기기 연습의 가장 좋은 점은 당신의 생각과 감정을 더욱 잘 알 수 있다는 것이다. 근원이 사용하는 언어는 느낌이기 때문에 그러한 느낌을 더 잘 받아들일 수 있도록 하는 것이 근원이 보내는 신호를 더 잘 받아들일 수 있는 방법이다. 미래를 걱정하거나 과거를 후회하는 부정적인 생각에 빠져 있는 자신을 발견한다면 이러한 감정들을 쉽게 알아차릴 수 있다.

이 연습을 할 때면 모든 것을 멈추고 지금 이 순간으로 돌아올 수 있다. 그렇게 함으로써 당신은 훨씬 더 강한 신호를 근원에 보내게 되고 근원은 당신의 새로운 영화가 더욱 잘 만들어지도록 도와줄 것이다.

우리가 진실로 지금 이 순간에 살고 있을 때 세상은 변화되기 시작한다. 그동안 바로 앞에 있었음에도 보지 못했던 다양한 것들을 볼 수 있게 될 것이고, 분리되어 있던 세상에서 깨어나 모든 것이 연결되어 있는 세상을 찾을 수 있게 될 것이다. 또한 우리는 집중을 함으로써 의도의 씨를 심어놓은 땅을 더욱 비옥하게 할 수도 있다.

- 마음 챙김을 통해서 당신은 '지금 이 순간'에 있을 수 있다. 주변, 느낌, 그리고 생각들을 염두에 둠으로써 당신이 원하는 것을 만들어낼 수 있다. 하루에 세 번 알람이 울릴 수 있도록 휴대전화를 설정하고 당신의 마음이 지금 어디에 있는지 물음으로써 당신의 자각을 지금 이 순간으로 돌아오게 하자.

- 당신이 어떤 생각을 하는지 무엇을 느끼는지 전혀 모르겠다면 당신에게 전혀 도움이 되지 않는 생각과 느낌을 갖고 있는 것일 수 있다. 오감 체크인 훈련을 통해서 과거와 미래에 대한 잡념을 버리고 지금 이 순간으로 돌아오자.

- 마음을 챙기는 것은 근원이 우연한 순간에 당신의 운명을 이끌 신호를 보내는 것을 받을 수 있게 깨어 있도록 준비하는 것에 도움이 된다.

- 15분간의 마음 챙기기 훈련은 지금 이 순간에 있는 것에 훨씬 능숙할 수 있게 해 준다.

명상

"태양은 말한다. '스스로의 빛이 되어라.'
새들은 말한다. '하루 종일 가슴이 터지도록 노래를 하라.'
흐르는 물줄기는 말한다. '장애물이 있다고 멈추지 마라.'
나무는 말한다. '바람이 불 때면 바람에 따라 흔들리며 뿌리를 믿어라.'
개미는 말한다. '작다는 것이 약하다는 것은 아니다.'
침묵은 아무것도 말하지 않는다.
그 조용함 속에서 모든 것은 명확해 진다."

— 다나 파울스(Danna Faulds)

내가 처음으로 명상 수행에 들어간 곳은 플로리다 주 템파에 있는 명상 센터였다. 방이 텅 비어 있던 것에 놀랐었다. 12개의 검은색 방석이 12개의 검은색 매트 위에 올려져 있었고, 몇 개의 색깔이 든 깃발이 벽에 걸려 있었고, 진행자의 명상 스테이션이 방 앞에 놓여 있었다. 대체로 나는 초가 많고, 나무 바닥에는 아름다운 예술 작품이 벽에 걸려 있고, 한쪽 옆에는 분수가 있는 고급 요가 센터의 워크숍에 참여했었다. 그에 비해 이곳은 완전히 따분한 곳이었다. 어쩌면 일부러 외부의 것들이 간섭할 수 없도록 그렇게 꾸민 것일 수도 있겠다고 생각했다.

모두 자리에 앉았고 진행하는 선생님도 자리에 앉았다. 마치 겸손한 왕이 자신의 왕좌에 앉는 듯한 모습으로 자리에 앉은 선생님의 모습이 멋있었다. 나는 어떤 이유에서인지 흥분이 되기도 했고 이미 성숙해진 것 같았다. 앞으로 3시간 동안 조용히 앉아 있어야 했는데 그것이 내게는 꽤 성숙한 사람들이 하는 일인 것만 같았다.

그렇다. 세 시간. 꽤 힘든 것일 수도 있지만 새로운 도전이라면 언제나 즐거웠다. 구어빗 박사가 그 명상에 참여하라고 했을 때 나는 놀라서 쳐다봤다. 그녀는 내게 사흘간의 과정 동안 하루에 두 번 세 시간씩 앉아 있게 될 것이라고 했다.

"음 그렇게 오랜 시간 동안 할 수 있을 것이라고 생각되지는 않네요."

그녀가 나를 떠보았다. 나는 대답했다.

"이미 나는 영적 전사예요. 그러니 마음만 먹으면 못할 것도 없지요."

그녀에게 득달같이 명상 수행 브로슈어를 받아서 전화를 하고 등록을 했다. 이제 이 딱딱한 검은색 쿠션에 앉아서 내 용기 있는 행동에 대해서 시험해보게 될 터였다. 첫 번째 세 시간 동안의 명상은 종 소리와 함께 시작되었다. 곧 잡념들이 내 머릿속을 빠르게 채워나갔다.

허리가 정말 아프다.

점심은 주는 걸까?

얼마나 된 거지?

배고프다.

〈악마는 프라다를 입는다〉는 꼭 빌려서 봐야 하는데.

메릴 스트립은 정말 좋아.

이제 몇 분이나 지난 거지?

그렇게 많은 생각들을 한꺼번에 할 수 있을 것이라고는 생각해보지 못했다. 마치 다이어트를 하는 첫날 모든 것이 먹고 싶어지는 순간 같았다. 꼭 다이어트를 시작하는 날이면 뭔가 먹고 싶은 것들이 늘어나서 냉장고를 붙들고 있게 된다. 명상도 그와 같다. 생각들을 멈추고 내려놓으려고 하면 수많은 생각들이 도저히 따라갈 수 없는 속도로 떠오른다.

나는 한참동안 가장 불편한 자세로 딱딱한 쿠션에 앉아 있기가 힘들어서 눈을 뜨고 혹시 나를 구해줄 사람이 없는지 돌아보았다. 내 옆에서 명상을 하고 있는 다른 사람들은 정말 평화로워 보였다. 누구도 움직이지 않았다. 정말 완벽한 자세로 앉아서 더 없이 행복한 모습을 한 군인들처럼 열을 지어 있었다. 그들을 이기고 싶었다.

다시 눈을 감고 머릿속을 어지럽히는 생각들을 바라보았다. 도저히 정리할 수 없었다. 내 머릿속의 생각들에 사로잡혀버린 듯했다. 이게 어쩌면 내 인생에서 가장 길었던 세 시간이었던 것 같다.

종 소리가 울리기 전에 선생님이 말했다.

"잡념이 들면 그 생각들을 바라보세요. 좋거나 나쁘거나 혹은 옳거나 그르다고 평가하지 마세요. 그냥 생각이라는 단어를 떠올리고 호흡을 가다듬으세요."

다시 똑바로 앉아서 지나가는 잡념들마다 단어를 하나씩 붙였다. 생각, 생각, 생각. 그렇게 하다 보니 세 시간 동안 생각이라는 단어만 계속 반복하게 될 것이라는 생각이 들었다. 이 단순한 생각에 웃음이 나려고 했다. 참으려고 했지만 갑자기 뱃속에서부터 웃음이 나오기 시작했다. 막 목구멍을 넘어서 밖으로 터져 나오기 직전이었다. 다른 사람들을 방해하지 않으려고 웃음을 참고 한쪽 눈을 떴다. 모든 사람들은 여전히 움직임 없이 평화롭게 앉아 있었다.

그래서 명상실 밖으로 나가기로 마음을 먹었다. 밖으로 나가서 서 있기도 힘들만큼 크게 웃어버렸다. 그러고는 한 차례 터져 나온 이 부끄러움에서 회복될 때까지 그 주변을 몇 바퀴를 돌았다.

나는 HBO에서 방영된 영화 〈Recount〉를 찍었을 때가 떠올랐다. 영화에서 대학교수 역할을 맡은 나는 엑스트라로 고용된 학생들에게 둘러싸여 있었다. 그런데 장면 중간에 그들이 점점 소란스러워졌다. 그러자 갑자기 감독이 "세트에서는 조용히 해!"라고 소리쳤다. 이 학생들은 마치 도둑질을 하다가 현행범으로 걸린 사람처럼 그 자리에 얼어붙어버렸다. 스태프뿐만 아니라 나 역시 굳어 있었다. 고요함이 세트를 가득 채웠다.

이 기억을 떠올린 후 나는 다시 명상 센터로 걸음을 옮겼다. 얼른 자리로 돌아갔다. 매번 내 잡념들을 정리할 수 없을 때마다 나는 감독의 의자에 앉아 있는 자신을 떠올렸다. 나는 커다란 마이크에 대고 '조용히 앉아 있어!'라고 외치는 상상을 했다.

마지막 명상이 끝났음을 알리는 종 소리가 울리자 나 스스로가 자랑스러웠다. 사흘간에 걸친 총 18시간의 침묵 명상을 모두 수행했다. 영적 전사를 키우는 신병 훈련소에서 살아남았다. 마지막 날에는 더 이상 생각할 거리도 없었다. 그 모두를 나는 소진해버렸다. 그 이후 나는 날마다 명상 연습을 계속했다. 세 시간의 긴 명상을 마친 후 10분의 명상을 더 하는 것은 정말 쉬운 일이었다.

명상이란 무엇인가?

명상은 호흡, 소리 혹은 물체 등에 집중하는 연습을 말한다. 평화로움, 명확성, 그리고 지혜를 배양하기 위해서 만들어졌고 많은 인간들의 질문에 대답을 찾기 위한 방법으로 고안되었다.

* 나는 누구이며, 왜 여기에 있는가?
* 삶의 고통은 어디서 오는가?
* 인간의 존재 목적은 무엇인가?

과학이 우주의 외형을 검사하며 연구하는 것에 반해 명상은 같은 질문에 대해서 내면에 대한 정신적 대답을 찾는 것이다. 가장 오래된 명상의 방법은 탄트라 Tantric 명상이라고 불린다. 이것은 5000년 전에 의식의 자각을 이해하고 지식을 전달하기 위해 개발됐다. 연구자들은 초기 수렵 채집 사회도 불을 바라보는 동안 명상을 통해 마음 상태의 변화를 알았을 것이라고 생각한다.

수천 년 동안 명상은 다양한 종교와 문화에 의해서 체계화된 훈련으로 발전해 왔지만 대부분의 사람들이 잘 이해하지 못하는 것이 있다. 많은 사람들이 명상을 잘하기 위해서는 모든 생각을 멈춰야 한다고 생각한다. 이는 잘못된 생각이다.

명상이 실제로 하는 것은 생각을 느리게 하는 것이다. 명상은 생각과 생각 사이에 의식이 쉴 수 있고 근원이 들어올 수 있는 공간을 제공해준다. 그 공간에 우리의 지혜와 통찰력이 들어갈 수 있고, 보편적 지식에 접근할 수 있는 공간이 된다. 이러한 면에서 명상은 의식과 정신의 숨겨져 있는 부분을 찾는 과정이다. 명상을 통해서 외부에서의 방해를 멈춤으로써 내면을 탐구할 기회를 얻을 수 있게 된다.

거의 모든 형태에서 명상은 정신을 집중시키는 것을 포함하고 있다. 걸어 다니면서 리듬과 음악에 집중을 하는 것도 집중력을 기르기 위한 명상 훈련의 과정이다. 몇몇 명상 수행자들은 명상 혹은 명상을 위한 기도문(만트라) 등을 사용하기도 하고 다른 사람들은 호흡에 집중하기도 하지만 결국은 모두 같은 목표를 갖고 있다.

나는 예전에 포춘 쿠키에 '우주에서 가장 강한 것은 집중하고 있는 정신이다'라고 적힌 것을 받은 적이 있다. 절대로 동감한다.

왜 명상인가?

우리가 우리 자신을 어떻게 보살피는지 생각해보자. 우리는 헬스장을 가거나 신체 운동을 매일 하는 것이 몸에 좋다고 생각한다. 그러나 많은 사람들이 정신을 수양하기 위한 노력은 게을리한다.

명상은 당신의 정신을 위해 헬스를 하는 것과 같다. 당신은 당신의 생각을 지배하고, 그것을 어떻게 흐르게 할지 조절할 수 있고, 당신이 원하는 방향으로 만들어갈 수도 있다. 이렇게 함으로써 당신 자신을 평화로운 지금 이 순간에 있게 할 수 있다.

나는 수많은 학생들이 자신의 필요와 목적을 위해 명상을 하면서 삶이 변화되는 것을 보았다. 내 학생 중 한 명인 제시카Jessica는 명상을 배운 후 항불안성 약을 끊을 수 있었다. 그녀는 강박적인 생각들과 지속적인 걱정으로 고통받고 있었다. 그녀의 마음은 남자친구가 배신할 것이라든가, 회사에서 해고될 것이라든가 혹은 교통사고를 당할 것 같다는 생각으로 가득 차 있었다. 명상을 할 때도 그녀는 최소한 한 번의 공황 발작을 일으켰었다.

제시카는 초반 2주간에 매일 10분간 하는 명상 시간을 30분씩 하기로 마음먹었다. 그녀는 생각을 지배함으로써 얻는 이득을 경험하기 시작했다. 그녀는 지금 이 순간에 머무는 방법을 빠르게 터득했다. 그녀는 마음이 미래에 대한 걱정에 사로잡히려 하면 명상을 했다. 매주 점점 더 침착해졌고, 더 집중을 했고, 덜 불안해했다. 마지막 수업이 끝날 즈음에는 완전히 다른 사람이 되어 있었다.

명상이 언제나 약을 대체할 수 있는 것은 아니다. 하지만 제시카는 약에 대한 의존도를 천천히 줄여나갔고 걱정에서 해방될 수 있었다. 만약 당신도 그녀처럼 불안감이 엄습해오거나 다른 힘들게 하는 것들에 마음이 사로잡혀 있다면 앞으로 소개해줄 명상 방법들이 도움이 될 것이다. 매일 조용한 곳에 앉아서 스스로의 마음을 지배할 수 있게 될 것이다.

하버드 대학교를 비롯해 몇몇 보스턴 병원들과 함께하는 벤슨-헨리 연구소The Benson-Henry Institute for Mind Body Medicine의 허버트 벤슨Herbert Benson 박사는 명상이 만성적 통증, 불안감, 고혈압, 콜레스테롤 수치, 그리고 약물중독 등을 낮출 수 있다고 보고했다. 또한 지적 수치들을 강화시키고, 베트남전 참전 군인들의 외상 후 스트레스 증후근을 낮출 수도 있었고, 스트레스를 받으면 높아지는 혈액의 코티솔 농도를 낮출 수도 있다고 보고했다. 명상은 자신과 삶의 파동에 더 가까이 갈 수 있도록 도와주는 것이다.

그런데 인생을 디렉팅하기 위해서 왜 명상이 필요하다는 것일까? 명상은 현실화와 밀접한 관련이 있다. 우리가 생각을 판단하지 않고, 관찰하고 다시 숨결을 느끼면서 매일 명상 훈련을 할 때 우리의 마음은 기쁨과 평온함으로 가득 차게 된다.

이러한 깨달음에 도달했을 때 우리는 자기 자신이 창조자임을 깨닫게 된다. 우리의 생각들 사이에 있는 매 순간은 개인의 능력에 접근할 수 있도록 해주고 우리가 그리고자 하는 것이 무엇인지 더욱 명확하게 해준다.

앞서 이야기했던 모래가 섞인 한 잔의 물 컵을 기억하는가? 그것이 하루 종일 당신의 상태이다. 우리 모두는 스스로와 끊임없이 이야기를 나눈다. 과거에 대해서 후회하고 미래에 대해서 걱정하고 절대로 일어나지 않을 일들에 대한 계획을 세운다. 우리는 우리가 누구이고 무엇을 하기 위해 존재하는가와 같은 질문에 대해 비판적인 생각을 하기도 한다. 명상은 이러한 먼지와 모래를 안정화시킨다. 모든 것이 더욱 명확해진다. 명확한 정신 상태라는 것은 우리가 우리 인생의 작가, 제작자, 그리고 연출자가 되기 위해서 반드시 필요한 것이다.

우리가 우리의 삶에서 무엇을 하고자 하는지 모를 때는 근원 역시 우리에게 무엇을 주어야 할지 모른다. 하지만 우리가 원하는 것에 집중하고 명확하게 알 수 있다면, 근원은 그러한 생각과 동기화되어 우리에게 필요한 것을 줄 것이다. 따라서 우리의 꿈을 형상화하기 위해서는 우리가 정말 원하는 것이 무엇인지 충분히 그리고 조용히 들어야 할 필요가 있다.

어떻게 명상을 하는가?

만약 당신이 매일 10분씩 명상을 한다면 집 한쪽에는 명상만을 위한 공간이 있어야 한다. 방이나 집 한쪽 구석에 방해받지 않을 공간을 찾자. 그리고 편안한 방석과 꽃과 초를 올려둘 작은 테이블을 준비하자. 이것이 당신의 '명상 스테이션'이 될 것이다.

어떻게든 당신에게 영감을 줄 수 있는 스테이션으로 준비하자. 하루 중 명상을 수행하기 가장 편한 시간을 고르자. 그 시간이 하루의 명상 훈련을 위한 기초이고 다음 4주간 가장 당신을 편안하게 할 수 있는 시간이어야 한다. 그리고 다음의 과정을 따르자.

1. 허리를 세우고 방석이나 의자에 편하게 앉자. 만약 방석에 앉는다면 편안한 상태의 가부좌로 앉자. 의자에 앉는다면 다리를 꼬지 말고

바닥에 편하게 발을 내려놓자.

2. 편한 자세가 되도록 스스로 조절하자.

3. 허벅지에 편안하게 손을 올리고 손가락에 힘을 빼자.

4. 오감 체크인 훈련을 먼저 한 후에 지금 이 순간에 있도록 하자.

5. 눈을 감고 턱을 넣고 힘을 빼자.

그다음 당신의 마음을 호흡과 명상에 집중할 수 있도록 도와주는 단어나 소리인 만트라에 집중하자. 나는 보통 '옴' 혹은 '아' 만트라를 사용한다. 숨을 들이마실 때 조용하게 '옴'이라고 하고, 내뱉을 때 '아'라고 한다. 나는 '아'가 거의 모든 신을 호칭하는 단어에 포함되어 있어서 선택했다.

* 라Ra
* 타Ta
* 크리슈나Krishna
* 라마Rama
* 부다Buddha
* 마한타Mahanta
* 브라마Brama
* 아트바Atva
* 쉬바Shiva
* 여호와Jehovah
* 알라Allah
* 갓God

명상을 할 때 당신과 맞는 만트라를 찾아보자. 처음 시작하는 사람들은 대부분 단어에 집중하는 것이 호흡에만 집중하는 것보다 쉽다. 여기 몇몇 다른 만트라가 있다.

✽ 인In 숨을 들이쉴 때, 아웃Out 숨을 내쉴 때

✽ 히어Here 숨을 들이쉴 때, 나우Now 숨을 내쉴 때

✽ 스마일Smile 숨을 들이쉴 때, 릴랙스Relax 숨을 내쉴 때

✽ 딥Deep 숨을 들이쉴 때, 슬로우Slow 숨을 내쉴 때

만약 잡념이 마구 떠오른다면 '세트에서는 조용하세요!'라는 말을 기억하자. 그리고 호흡과 만트라로 돌아와 숨을 들이쉬고 내쉬는 것에 집중하자. 숨을 들이쉬고 내쉴 때 당신이 고른 만트라를 느껴보자.

나는 한 번에 하나의 만트라를 선택하는 것을 선호한다. 보통 하나를 한 달 정도 사용하고 새로운 것으로 바꾼다. 명상을 수행하면서 당신은 당신 생각의 감독이 될 수 있을 것이다.

명상을 방해하는 것들을 넘어서

명상을 하면서 다양한 방해물을 만나는 것은 당연한 일이다. 다음은 구어빗 박사에게 받은 몇 가지 유용한 방법들이다. 명상을 통해서 형상화하고자 할 때 겪을 수 있는 일들에 적합하도록 조금 수정했다.

방해 1 : 꾸물거림이나 게으름

명상 스테이션 바로 옆까지 가서 '다음에 하지 뭐'라고 생각하기도 한다. 그러나 다음은 다시 오지 않는다.

해법 : 규칙을 만들고 스스로를 격려해라. 이렇게 계속 살 필요는 없다

고 말해라. 의지력과 규칙을 떠올리며 나는 내 꿈을 이룰 수 있다고 다짐해라. 거울을 보며 계속 핑계대고 싶지 않다고 말해라. 자신이 만들고자 하는 삶에 대해 '이 명상이 모든 것을 바꿀 수 있다'고 자신의 눈을 마주하고 대화해라.

절대로 낙담하지 마라. 대부분의 사람들은 시작하는 것을 가장 힘들어한다. 명상이 도움이 된다는 것을 알게 되면 지속적으로 명상을 하게 될 것이다. 곧 명상은 이를 닦는 것과 같이 하루의 당연한 일과가 될 것이다.

방해 2 : 지루함

몇몇 사람들에게 명상은 정말 지루한 일일 수 있다. 아마도 끝나기를 기다리지 못하고 쓸데없이 방 주변을 둘러보고 시계를 들여다보기도 한다.

해법 : 지루함을 허락해라. 처음에는 지루함이 당연하다. 옳고 그름을 판단하지 마라. 하지만 스스로 왜 10분을 앉아 있지 못하는지 물어보아라. 내면의 소리에 귀를 기울여 본다면 그 대답에 놀랄 것이다. 그렇게 연습한다면 지루함은 경외심이 될 것이다.

방해 3 : 공포, 불안, 그리고 화

때때로 명상은 오랫동안 감춰두었던 감정을 꺼내기도 한다. 이러한 것들이 주의를 산만하게 한다. 강한 느낌이 표면에 떠오를 때에도 앉아 있다는 것은 커다란 용기를 필요로 한다. 이때가 두려움을 모르는 전사가 되어야 할 시점이다. 기억해라. 두려움이 없다는 것은 두려움 자체가 없다는 것이 아니다. 용기가 있다는 의미이다. 이 연습은 용기 그리고 자신에 대한 연민이 필요하다.

해법 : 공포, 불안, 그리고 화를 직시하라. 우리는 우리를 무섭게 하거나 화나게 하는 것으로부터 도망칠 수는 없다. 만약 우리가 그러한 것을 뚫고 나아갈 수 없다면 우리는 그것들과 친해져야 한다. 스스로가 불편하게 느끼는 것에 익숙해져라. 자신에게 물어보아라. "최악의 상황이 무엇일까? 이 공포가 어디서 시작되는 것일까?" 그리고 감정을 바라보아라. 그렇게 할 때 치료될 수 있다.

방해 4 : 자부심

명상을 하는 동안 자부심에 위협을 느낄 수도 있다. 사실 자부심은 명상이 주는 깨우침으로부터 당신을 떨어뜨리기 위해 무엇이든 할 것이다. 당신의 마음에 '내가 왜 이런 걸 하고 있지?'라고 환상이나 집중을 방해하는 것을 채우기도 한다. 만약 이러한 자부심의 장난에 넘어간다면 명상을 제대로 할 수 없다.

해법 : 자신을 믿는 진정한 자부심이 무엇인지 스스로에게 물어보라. 그리고 '아니오!'라고 자신 있게 말해라. 당신의 자부심이 방해하는 것을 느끼고 '지금은 아니야!'라고 강하게 말해라.

방해 5 : 졸음

해법 : 잠시 매력적인 무엇인가를 떠올려라. 금방 기운을 되찾을 수 있을 것이다. 피곤해서 그런 것이 아니다. 당신의 자부심이 명상을 하지 못하도록 방해하려는 것이다.

최종 해법 : 호흡을 느껴라. 뭐든 방해 요소가 생길 때면 그것을 알아챈 후에 다시 호흡으로 돌아와라.

이 책에 적힌 대로 4주간 명상을 해보자. 그러면 당신도 명상 그룹이나 명상 수행과 같은 것을 더 깊이 하고 싶어질 수도 있다. 그러한 것들은 명상에 더욱 집중할 수 있도록 도와줄 뿐만 아니라 옆에서 동기유발을 함께 할 사람들을 만나게 도와주기도 한다.

첫째 주 동안 명상 스테이션을 만들고, 오감 체크인 훈련을 하고, 매일 10분간 조용히 앉아 있는 연습을 하자. 첫째 주의 마음 챙기기 연습을 위한 세 가지 영적 훈련soul-work을 시행하기 전에 연습 3을 읽는 것을 잊지 말자.

• Director's Notes •

- 당신이 몸을 위해 헬스를 하듯 당신의 정신을 위해 날마다 명상을 해라.

- 명상은 당신이 인생의 감독이 되기 위해서 꼭 필요하다. 명상은 삶의 대본을 쓰는 데 필요한 명확성을 제공해준다.

- 명상은 당신이 생각의 지배자가 될 수 있도록 도와줄 것이다. 명상은 미래에 대해서 걱정하거나 과거에 대해서 후회하지 않는 방법들을 알려준다. 또한 당신은 명상을 통해 더 명확하고 창조적이고 즐거운 것들을 위한 공간을 머릿속에 만들 수 있게 된다.

- 명상은 스스로의 직관과 근원에 대한 보편적 지혜에 접근할 수 있도록 해준다.

일기 쓰기

"당신의 진실을 기록하는 것은 용기가 필요하지만,
그럼으로써 더욱 용감해질 수 있다."
- 나의 어머니 도나 젠슨(Donna Jenson)

지금 함께하고 있는 과정이 편하지만은 않을 수도 있다. 학생들은 언제나 둘 중의 하나로 분류된다. 첫 번째는 자신을 예술가로 규정하고 이미 작가가 되기 위한 창조적 에너지와 함께하는 부류, 두 번째는 스스로가 창조적이거나 예술적이라는 것을 믿지 않거나 글쓰기 기술이 없다고 생각하는 부류다.

만약 당신이 두 번째 부류라면 펜과 종이를 들고 시작해보자. 모두 커다란 글자로 다음과 같이 쓰자.

나는 예술가가 아니다.

나는 창조적이지 않다.

나는 작가가 아니다.

썼는가? 잘했다. 이제 이 종이를 구겨서 쓰레기통에 버리자.

왜냐하면 당신은 당신 삶의 예술가이고, 당신 꿈의 창조자이고, 운명의 작가이기 때문이다. 이것에 대한 의심의 여지는 없다. 이 외에 다른 설명도 필요없다.

일기 쓰기 : 내면으로의 접근

글쓰기. 특히 지금의 경우에서는, 당신의 깊은 생각 또는 그게 무엇이든 생각나는 것과 느낌을 종이와 펜을 이용해서 기록하고 저장하는 것은 당신의 진실, 꿈, 그리고 내면적 지혜로 접근할 수 있도록 해준다. 당신 안에 묻혀 있던 것들에 대해 질문을 함으로써 당신의 펜은 새로운 '진짜 당신'을 찾아낼 것이다. 만약 당신의 글쓰기가 퓰리처상을 수상할 정도가 아니거나 시적인 표현이 전혀 나오지 않더라도 당신은 당신의 글로 놀라운 것들을 발견하게 될 것이다.

기록하는 것은 펜으로 종이에 무엇인가를 쓰는 행동이다. 이러한 행동은 좋은 작가가 되기 위한 것보다는 당신의 생각을 눈에 보이는 방법으로 표현하는 것에 가깝다. 작가들은 돈을 벌기 위해서 글을 써야 한다. 구직자들은 면접 기회를 얻기 위해서 이력서를 써야 한다. 정부 관계자들은 정부에 대해서 설명하기 위한 연설문을 써야 한다. 하지만 일기를 쓰는 것은 이러한 모든 것들과 다르다. 공식적인 문서들은 문법이나 단어에 오류나 오타가 있어서는 안 되지만 우리가 쓰고자 하는 글은 어떠한 제한도 전혀 없다.

일기는 당신이 원하는 어떠한 방법으로든 표현할 수 있다. 그리고 공유하고자 하지 않는다면 오직 당신만을 위한 글이 된다. 오직 당신만을 위한 글이기 때문에 일기는 뭐든지 마음속에 있는 말을 할 수 있게 해준다. 그러므로 당신의 깊은 내면으로부터 시작되는 글쓰기는 오타가 있거나 구성이 이상하거나 해도 전혀 상관없다.

하지만 당신의 내면에 무엇이 있는지 알기 위해서는 그 깊숙한 곳까지 파고 들어가야 한다. 오직 진짜 질문만이 진짜 대답을 줄 것이다. 기억해라. 비슷한 것들끼리 모이게 된다. 당신 자신을 알기 위해서는 다음과 같은 질문을 해야 한다.

* 내가 정말 누구일까?
* 내가 하고 싶은 게 뭐지?
* 어떤 인생을 살고 싶어 하는 거지?

당신이 평화롭고 명확할 때 가장 좋은 대답을 얻게 될 것이다. 그리고 일기를 쓰기 위해서는 적당한 시간과 당신만의 공간을 필요로 하기 때문에 진짜 대답을 찾을 수 있을 것이다.

일기를 쓰는 것이 언제나 잘되거나 뭔가 특별하고 의미 있는 결과를 주지는 않지만 정리되지 않은 생각을 글로 옮겨 적는 것은 위와 같은 질문들에 대한 대답을 찾을 수 있도록 도와줄 것이다.

왜 일기를 쓰는가?

일기를 쓰는 것은 지적·심리적·영적 성장을 위한 훌륭한 도구다. 내면의 생각과 느낌을 적다 보면 혼란스러운 것들이 명확해지고 생각이 정리된다. 내면의 대화를 옮겨 적는 것은 새로운 관점을 발전시킨다. 충분한 시간을 갖고 일기를 쓰는 것은 내면의 진실한 목소리를 찾도록 도와준다.

나는 10살 이후부터 죽 일기를 쓰고 있다. 일기를 쓰는 것은 하루의 연습이기 이전에 나를 표현하는 방법이었다. 나는 사랑에 빠졌을 때 사랑을 일기장에 적고 그의 이름에 하트를, 그리고 시를 썼다. 일기를 쓰는 것은 득이든 고통이든 카타르시스가 있다. 단어들이 튀어나와 흐름을 만들면서 배열된다. 이러한 과정이 우리에게 감정의 집을 제공해준다.

일기를 쓰는 것은 우리의 직감과 연결하는 수단이 되고 결정을 내리는 것에 도움이 된다. 그리스의 고대 도시인 델파이의 사제가 "너 자신을 알라"고 충고했듯이 일기를 쓴다는 것은 스스로를 알아가는 과정이다.

✳

한 가지 사례를 들어 설명해보겠다. 내 고객이었던 메더린Madaline은 그녀가 새롭게 시작한 방과 후 요가 및 명상 사업을 전혀 진척시킬 수 없었다. 그녀는 마음에 드는 프로그램 이름을 떠올릴 수도 없었다. 그녀는 주변의 모든 사람들에게 어떤 이름이 좋을지 물어보았고 20개의 마음에 들지 않는 이름을 얻었다.

나는 메더린에게 찾고 있는 이름이 있다면 직감에 의존해보라고 조언했다. 나는 그녀에게 '내 프로그램의 이름은…….'이라고 침대맡의 일기장에 써두라고 조언했다. 다음 날 그녀는 일어나자마자 한 치의 고민도 없이 그녀가 원하는 이름을 적어 내려갔다.

다음 날 그녀가 적은 프로그램의 이름은 '마음의 놀이터'였다. 드디어 어려운 과제를 마쳤다. 나는 스스로를 위한 현실화 연습으로 일기를 사용한다. 그것은 내가 누구인지 내가 원하는 것이 무엇인지를 찾아가는 또 다른 방법이다. 이 방법 역시 용기가 필요하다.

마음 챙기기, 명상, 그리고 일기 쓰기 연습들을 행할 때 우리는 전사가 될 수 있다. 조용히 앉아서 일기를 쓸 때 우리가 감추고 있던 진실이 표면으로 나오게 된다. 그렇게 되었을 때 우리는 세 가지 선택을 할 수 있다. 다시 밀어 넣거나, 받아들이거나, 변화시키거나.

이 책 외에도 일기 쓰기에 대한 장점을 설명하는 책은 수없이 많다. 그 중에서 내가 추천하는 책은 제임스 페니베이커가 쓴 『털어놓기와 건강』이라는 책이다. 심리학자이자 연구자인 페니베이커는 정기적으로 일기를 쓰는 것이 면역 세포를 더욱 튼튼하게 할 뿐만 아니라 천식과 관절염 등을 이겨내는 것에도 도움이 된다고 한다. 그는 스트레스를 받던 상황에 대해서 쓰는 것이 그 상황을 이기는 것에 도움이 되며, 스트레스가 우리 건강에 미치는 영향을 최소화시킨다는 사실을 발견했다.

매일 일기를 쓰는 사람들은 우울증, 혈액 내 포타슘 농도, 심지어 몸무게도 감소시키는 경향이 있다. 짧게 말하자면 일기 쓰기는 건강에 좋다. 글을 쓰는 것은 분석적이고 이성적인 생각을 하게 하는 좌뇌를 활성화시킨다. 좌뇌를 사용하는 동안에 우뇌는 창조적·직관적 혹은 느낌에 더욱 충실할 수 있다. 일기를 쓰는 것은 심리적 방해물을 치우고 지적 능력을 최대한 사용할 수 있도록 도와준다. 결국 자신을 혹은 다른 사람을 그리고 주변의 세상을 더 잘 이해할 수 있게 된다.

일기는 원하는 바를 근원을 향해서 뚜렷하게 전달하기 위한 좋은 도구이기도 하다. 일기를 씀으로써 모든 것을 더욱 명확하게 이해할 수 있게 됨으로 당신이 원하는 바를 명확히 표현할 수 있게 된다. 또한 일기를 꾸준히 씀으로써 점차 향상되는 자신의 모습을 발견할 수 있다. 도저히 극복할 수 없을 것 같은 장애물을 만났을 때, 우리는 그것에 대해서 쓰고 나중에 문제점들을 이겨나가는 과정을 돌아봄으로써 그것을 해결할 방법을 찾을 수도 있다. 이 장에서 내가 알려주는 다양한 종류의 연습은 매일의 연습을 개발하는 데 도움을 줄 것이다.

많은 사람들은 아침에 완전히 잠에서 깨기 전에 일기를 쓰는 것이 효과적이라고 한다. 내면적 비평이 아직 제대로 깨어나지 못했고 종종 창조적인 흐름이 훨씬 더 강하다고 생각하기 때문이다. 반면에 그날 하루의 일들을 반영할 수 있는 저녁이 효과적이라고 생각하는 사람들도 있다.

내 학생 중 몇 명은 그들의 명상 및 현실화 시간(연습에 대한 설명을 한 후에 이것에 대해서 설명하겠다) 이전에 일기를 쓰는 것이 좋다고 한다. 어떻게 하든지 모두 당신에게 달렸다. 언제든지 당신에게 가장 잘 맞는 때를 찾는 것이 정답이다. 오직 지켜야 할 것이 있다면 매일 5분의 시간이라는 것이다(물론 잉크가 떨어질 때까지 계속 쓰고 싶다면 계속 해도 상관없다).

일기를 쓸 때 당신은 쓰고 싶은 대로 쓰면 된다. 내용이 포악해져도 상관없고, 화난 것을 표현할 수 있고, '만약에……?'라는 큰 꿈을 꾸어도 되고, 치료와 성장을 위해서 당신의 약한 부위를 끄집어내도 된다.

당신의 종이는 당신을 판단하거나 비판하거나 과소평가하지도 않을 것이다. 오직 당신을 도와주기 위해서 그곳에 있을 뿐이다. 당신이 해야 하는 오직 한 가지는 종이 앞에 앉아서 종이가 도와주는 시간을 조금 더 즐기는 것이다.

다섯 가지의 일기 쓰기 방법

매일 고를 수 있는 다섯 가지의 일기 쓰기 방법들을 제시하고자 한다. 당신은 특정한 시간에 자유롭게 글을 쓰거나 일기 쓰는 것을 즐길 수도 있다. 아침이 최적의 시간이 아닐 수도 있고 저녁이 가장 좋을 수도 있다. 다음의 다섯 가지 방법을 이용해서 각각 실험해보고 가장 잘 맞는 것을 고르면 된다.

꼭 기억해야 할 것은 앞으로 4주간 매일 5분의 시간은 일기 쓰기를 위해서 꾸준히 투자해야 한다는 것이다.

자유롭게 일기 쓰기

타이머를 5분으로 맞춘 후에 펜과 종이를 들자. 아무거나 쓰고 싶은 것들을 쓰자. 쓴 것을 고치지도 말고, 문법을 신경 쓰지도 말고, 오타를 걱정하지도 말자. 그리고 무엇이 되었든 멈추지 말자.

만약에 생각이 갑자기 텅 빈다면 방금 쓴 줄을 다시 써라. 새로운 생각이 떠오를 때까지 그 과정을 반복해라. 계속함으로써 마법과 같은 일이 발생할 것이다. 당신은 곧 당신의 진실을 만날 수 있게 될 것이고 뒤를 돌아볼 필요가 없어질 것이다.

이렇듯 자유로운 글쓰기를 먼저 시도해볼 것을 추천한다. 만약 당신이 일기를 써본 적이 없다면 정말 쓸거리들이 많을 것이다. 일기를 쓸 때 실제로 원하지 않는 것들을 쓰기도 할 것이다. 그럴 때는 그냥 그대로 놔두자. 몇몇 학생들은 그들의 사적 감정을 누군가 읽게 될까 봐 걱정한다. 그런 것을 걱정한다면 몇 가지를 주의하면 된다.

남편과 헤어지는 과정에 있었던 학생 중 한 명은 노란색 레갈 패드^{legal pad}에 글을 썼었다. 그녀는 곧 헤어질 전남편이 읽을까 봐 걱정했었기에 매일 일기를 쓴 후에는 자신이 쓴 일기를 찢어서 버렸다. 혹은 일기를 보관하기 좋은 작은 금고 같은 것을 사는 것도 방법일 수 있다. 몇몇 학생은 일기를 회사나 차에 보관하기도 했다. 어쨌든 중요한 것은 그날그날의 감정을 표현하는 것이다.

이렇게 자유로운 글쓰기를 한 주 정도 실행한 후에는 다음 리스트에 있는 것 중 하나의 지시어로 넘어가보자. 당신이 해야 하는 것은 역시 타이머를 맞춘 후 시작하고 타이머가 울리기 전까지는 글쓰기를 멈추지 않는 것이다. 만약 당신이 5분 이상 일기를 쓰게 된다면 계속 쓰면 된다. 만약 글쓰기가 막히거나 시작하기가 어렵다면 아래의 지시어를 이용해서 문장을 시작해보자.

아래의 지시어를 종이의 맨 위에 적고 5분간 글쓰기를 시작해보자.

❋ 나는 ~에 집착한다.

❋ 나는 ~을 알아챘다.

❋ 나는 ~을 알고 있다.

❋ 나는 ~이 사실이라는 것을 알고 있다.

❋ 내가 지금 원하는 것은 ~이다.

❋ 만약 실패하지 않았다면, 나는 ~

❋ 만약 내가 1년만 살 수 있다면, 나는 ~

❋ 나는 ~을 받아들여야 한다.

❋ 나는 ~을 바꾸어야 한다.

❋ 나는 ~할 때면 거뜬하다.

❋ 나는 ~할 때면 우울하다.

❋ 나는 ~을 잃어버렸다.

❋ 나는 ~을 찾았다.

❋ 나는 ~을 기억한다.

❋ 나는 ~을 기억하지 못한다.

혹은

❋ 음악을 골라 그 리듬에 맞추어 적어도 된다.

❋ 당신을 감동시킨 책의 내용을 종이의 맨 위에 인용한 후 시작해도

된다.

* 책이나 잡지 혹은 사전을 펼치고 인상 깊은 단어를 골라서 시작해도
  된다.
* 흥미로운 사진을 책이나 인터넷에서 고르고 아무것이나 떠오르는
  말을 적어도 된다.
* 오래된 사진을 보고 그 기억에서 시작해도 된다.

혹은

* 당신에게 보내는 편지를 써도 된다.
* 당신을 배신한 누군가에게 편지를 쓰자(보내지는 말자).
* 90살이 된 당신에게 편지를 써도 된다.
* 혹은 7살의 당신이 지금의 당신에게 보내는 편지를 써도 된다.

내 학생인 줄리Julie는 세 번의 수업을 마친 후에 즉흥적으로 시작한 일기를 내 책에 실을 수 있도록 허락해주었다. 이 일기는 '나는 알고 있다'로 시작하고 마치는 데 5분이 걸렸다. 그녀의 일기를 그대로 옮기기 위해서 어떠한 문법적 오류, 오자 혹은 흐름도 수정되지 않았다. 당신의 일기도 어떠한 글쓰기 규칙으로부터 자유로워야 한다는 것을 기억하자.

나는 내 안에서 변화가 있음을 깨달았다. 내가 수개월 전의 일기를 돌아보면 내가 얼마나 바뀌어, 지금의 깨우친, 힘이 있는 그리고 직관력이 있게 성장했

는지를 볼 수 있다. 나는 나를 우울하게 만들거나 쓸데 없는 스트레스들을 버릴 수 있었는지를 볼 수 있고, 내가 그 전에는 느끼지 못했던 평화로움이 내 안에 있음을 느낄 수 있다. 나는 확실히 내가 갖지 못했던 진실에서 오는 자신감을 느낄 수 있다.

나는 새로운 내가 만들어졌음을 알고 있고, 나는 젠이 가장 기본적인 수준에서부터 나에게 영향을 미친 것들과 함께 내가 지금까지 해온 것들이 어떻게 작용했는지를 볼 수 있다. 나는 매일의 명상과 일기 쓰기와 같은 것들 그리고 의사를 설정하고 확신을 만드는 것들이 어떻게 영향을 미쳤는지 볼 수 있다.

이러한 연습들은 나에게 내가 누구인지 그리고 내가 정말로 원하는 것이 무엇인지, 내가 내 삶에서 이루고 싶은 것이 무엇인지를 명확하게 그리고 진실하게 알 수 있게 해주었다.

그리고 놀라운 것은 마침내 나는 거리를 둔다는 것이 어떤 의미인지 안다는 것이다. 나는 1년에 걸쳐서 무엇인지 이해할려 했는데 어느 순간 알 수 있었다. 이것이 내가 원하는 혹은 원한다고 생각한 '물건'-집, 벤츠, 상 혹은 러셀 크로우와 함께 영화를 찍는 것 등에 관한 것이 아니라는 것을 알았다. 그것은 내가 좋아하는 것을 하고 내가 무엇을 하는지를 이해함으로써 사람들의 삶에 영향을 미치고자하는 '의도'이다. 그것은 내 자부심이 아니라 가슴과 영혼에서 오는 의도를 설정하는 것이다.

나는 과거에 나의 모든 목적과 확신이 내 자부심에서 왔다는 것을 알지만, 이제 그들은 내 솔직함과 진실에서 오고, 그렇기 때문에 그 전에는 상상하지도 못했던 매일 일어나는 기적을 볼 수 있다. 그리고 가장 재미있는 것은 내가 실제로 생각했던 것들 보다 훨씬 더 크고 훨씬 더 좋은 것들이라는 것이다.

수 세기에 걸쳐서 과학자들은 인간의 잠재력에 접근할 수 있는 뛰어난 방법들을 제시해왔다. 나는 그러한 방법들을 다시 엮어서 포트홀 글쓰기 Porthole Writing 방법을 제안한다. 우리의 의식이 깨어 있을 때와 우리의 의식이 깊은 잠에 빠져 있을 때 사이에 포트홀이 존재한다. 우리는 이 시간을 우리의 창의성을 깨우는 이로운 시간으로 사용할 수 있다.

토머스 에디슨, 알베르트 아인슈타인과 같은 창의적인 사람들은 깨어 있을 때와 깊게 잠자고 있을 때 사이의 시간을 잠재의식의 창의성을 깨우기 위해서 조절했다. 몽롱한 상태라고 불리는 이 상태를 에디슨은 전기를 발견할 때 사용했다고 한다.

어쩌면 에디슨은 의자에 앉아서 손에 포크를 들고 바닥에는 양철 쟁반을 놔두었을지도 모르겠다. 막 잠이 들려던 차에 그의 손에서 포크가 떨어져 쟁반을 두드리는 소리가 났고, 그 소리 때문에 몽롱한 상태에서 깨어났을 지도 모른다. 그 순간이 에디슨의 머리에 전기가 떠오른 중요한 시점이었을 수도 있다. 이러한 몽롱한 순간의 글쓰기는 자신의 창의성을 들여다보기 위해서 사용할 수 있다.

잠이 들기 전에 포트홀 지시어를 하나 떠올리고 일기의 가장 위에 적어두자. 그리고 깨자마자 5분 안에 그 지시어에 대해서 대답해보자.

역시 딱 하나의 규칙만을 지키면 된다. 쓰다가 멈추지 말자. 만약 더 이상 쓸 것이 없다면 새로운 글이 써질 때까지 지시어를 반복적으로 쓰면 된다. 지시어는 영감을 줄 수 있을 만한 것이라면 무엇이든 상관없다.

포트홀 지시어

"이제 나에게는 한계가 없고 내가 원하는 것은 무엇이든 만들어낼 수 있다"라는 지시어에서 시작해 다음과 같이 연결해보자.

* ❋ "내가 다음에 살고 싶은 집은……."
* ❋ "나를 가장 행복하게 해줄 직업은……."
* ❋ "내가 원하는 몸매는……."
* ❋ "내가 원하는 여름휴가는……."
* ❋ "내가 원하는 우리 가족의 모습은……."
* ❋ "내 친구와 함께 즐기고 싶은 새로운 도전은……."
* ❋ "근원과 나와의 균형 잡힌 관계의 모습은……."

아침 포트홀 일기 쓰기

몽롱한 상태에서 글을 쓰는 것과 더불어 아침에 포트홀 글쓰기를 하는 것은 당신의 진실한 속마음의 메시지를 전달해 꿈을 더 정확하게 기억할 수 있도록 해준다. 당신이 미래의 삶을 디렉팅하는 것을 배우는 과정에서 강력하게 변화를 주도하는 이러한 표식들을 놓치지 않는 것은 매우 중요하다.

일기장과 펜을 침대 옆에 놓아두자. 막 잠에서 깨었을 때 5분간 타이머를 맞춘 후에 의식의 흐름에 따라서 글을 쓰자. 더 이상 쓸거리를 떠올릴 수 없다면 새로운 생각을 할 수 있을 때까지 마지막 줄을 반복해서 쓰자.

아침 글쓰기 연습은 비판적 자아가 아직 깨어나지 않고 있기 때문에 훨씬 분명하게 많은 것들을 표현할 수 있다. 하고 싶은 말들을 스스로 걸러내지 않고 온전한 진실을 쓸 수 있을 것이다.

아침 글쓰기를 위해서 꼭 지시어가 필요하지는 않다. 편하게 마음이 가는 대로 쓰고 모든 것을 손에 맡기자. 매번 다른 내용들을 발견하게 될 것이다. 방금 꾸었던 꿈에 대해서 쓸 수도 있고 그 날의 해야 할 일부터 시작할 수도 있다. 때로는 감정을 터뜨리는 것이 아침에 하는 첫 번째 일이 될 수도 있고 당장 적어두지 않으면 없어질 것만 같은 멋진 생각들이 떠오를 수도 있다.

나는 이러한 아침 글쓰기를 이 책을 구성하기 위해서 사용했다. 새로운 아이디어를 적기도 했고 학생들을 위한 새로운 수행 방법을 만들어내기도 했다. 매번 아침 글쓰기를 할 때마다 당신은 주옥같은 말이나 생각 하나쯤을 찾게 될 것이다. 이러한 글쓰기를 더욱 자주 하다 보면 그런 아름다운 글들이 계속 연결될 것이다.

기억하자. 이것은 연습이다. 모든 사람이 첫날 아침에 전기를 발견하지는 못할 것이다. 하지만 우리 각각은 시간이 지남에 따라서 우리의 꿈을 현실화하는 것을 도와주게 될 개인의 현명함을 볼 수 있을 것이다.

미래의 자아 일기 쓰기

창조적 이해 여행 과정은 "미래의 나를 만나다"라고 불리는 명상 연습을 포함하고 있다. 오래도록 학생들이 좋아했던 연습이었다. 내 삶을 바꿔놓은 연습이기도 했다. 그 명상은 20년 후의 당신의 모습을 보여준다. 그곳에서 미래의 당신이 살고 있는 모습을 마주할 수 있다.

양자물리학의 소급적 인과 작용 이론Retrocausation Theory에 따르면 우리의 과거, 현재, 그리고 미래는 선형적 관계로 이루어져 있지 않다고 한다. 뉴턴 과학에서 사건은 선형적으로 연대순으로 발생된다. 예를 들자면 우리는 태어나고, 나이가 들고, 그리고 언젠가는 죽는다. 우리 삶의 사건들은 과거, 현재, 그리고 미래로 구성된다. 우리가 매일 경험하고 있기에 이러한 생각은 정말 당연하다고 받아들여진다. 하지만 소급적 인과 작용에 의해서 시간은 전혀 선형적이지 않을 수 있다. 사실 모든 일들은 동시에 일어나고 있다.

연구에 따르면 당신은 미래의 사건들이 일어나기 전에 이미 인지할 수도 있다. 코넬 대학교의 사회 심리학자인 다릴 J. 벰Daryl J. Bem 박사는《개인 및 사회 심리학 학술지Journal of Personality and Social Psychology》에 여러 편의 논문을 발표했다. 아홉 번의 실험을 통해서 벰 박사는 뇌가 과거의 경험을 상기시키는 능력만 있는 것이 아니라 미래에 일어날 일들을 예측하는 능력도 있다고 했다. 이러한 '미래를 보는' 뇌의 능력은 초심리학적psi phenomena 현상이라고 이해된다. 역사적으로 예지몽, 자발적 치유, 동시 발생, 그리고 전생 기억 등의 형태로 이러한 현상이 나타나는 것을 볼 수 있다. 만약 우리가 미래를 볼 수 있다면, 미래는 이미 그곳에 조금 더 나이가 들고 현명한 당신이 살면서 존재하는 곳이다. 이러한 미래의 자신과의 관계를 형성함으로써 당신은 보통 앞으로 수십 년간 가질 수 없었던 지혜를 얻을 수 있을 것이다.

내가 처음 미래의 나를 보았을 때 그녀는 나에게 선물과 새로운 이름을 주었다. 나는 그 두 가지 모두를 잊을 수 없다. 그 선물은 금색 펜이었다. 내가 무엇을 위한 것이냐고 물어보았을 때 그녀는 주변을 돌아보라고 했다. 나는 책꽂이에 있는 수많은 책들을 볼 수 있었다. 다시 그녀를 보았다. 혼란스러웠다.

"사랑하는 젠, 네가 앞으로 이 책을 다 쓰게 될 거야." 그녀가 말했다.

한 번도 책을 써본 적이 없었다. 이제 당신이 내 첫 번째 책을 들고 있다. 내가 미래에서 돌아오기 전 나는 그녀의 이름을 물었다.

"그레이스Grace." 그녀가 대답했다.

그리고 얼마 지나지 않아 내 명함을 전남편의 성인 사피나Safina에서 그레이스로 바꾸었다. 그렇게 함으로써 그녀가 내게 보내는 에너지장의 힘에 조금 더 다가갈 수 있었다.

나는 '그레이스와의 대화Channeling Grace'라는 이름의 일기장을 갖고 있다. 매번 내가 미래의 나를 명상을 통해서 만날 때마다 그녀가 나에게 말한 모든 것을 적어둔다. 내가 질문을 하면 그녀는 말로, 기호로, 사진으로 대답해준다. 그녀가 나에게 말한 성과가 무엇인지 분명히 알아냈다.

미래의 당신과의 만남은 당신이 찾고 있는 것에 대한 대답을 찾아줄 중요한 통로다. 많은 사람들이 결정을 내릴 때 어머니, 가족, 형제 혹은 친구들에게 "내가 어떻게 해야 할 것 같아?"라고 물어본다. 우리는 각각의 사람들에게 모두 다른 대답을 듣고 혼란에 빠지기 십상이다.

기억하라. 당신은 이미 알고 있다. 당신은 이미 당신에게 필요한 지혜를 갖고 있다. 다른 사람에게 물어보기 전에 스스로 먼저 물어보아라. 미래의 당신에게 물어봄으로써 당신은 당신 안에 있는 현명한 사람에게 지혜를 얻을 수 있을 것이다.

"미래의 나를 만나다" 명상이 끝난 직후 몇 가지 질문에 대답하는 것은 매우 중요하다. 먼저 방해받지 않을 조용한 곳을 찾자. 이 명상만을 기록하기 위한 또 다른 '미래의 나와의 대화' 일기장을 준비하자.

이 연습을 하기 위해서는 '미래의 자아 명상 Future-self meditation'을 들어야 한다. 누군가에게 읽어 달라고 해도 되고 스스로 녹음을 해도 되고 내 홈페이지에서 MP3를 다운받아도 된다(www.thecenterofgrace.com/meditation). 조용한 곳을 찾아 앉아서 눈을 감고 녹음된 것에 따라서 명상을 시작하자. 그리고 명상을 통해서 미래의 당신에게 물어볼 질문을 하나 혹은 몇 가지를 준비하자. 그 질문들은 미래의 당신을 만나는 것을 도와줄 것이다. 각각의 질문을 종이의 가장 위에 적어두고 개인적으로 미래의 당신에게 묻고 싶은 질문에 대해서도 생각해두자. 그리고 대답을 기다리자.

당신은 아름다운 강가를 따라서 걷고 있습니다. 날씨는 화창하고 새들은 지저귀고 있습니다. 당신은 따사롭게 내리쬐는 햇볕을 느낄 수 있고 안락하고 편안합니다. 강가를 걸어가다가 친절한 선장님이 운행하는 배를 발견합니다. 선장님은 강가에 배를 정박하고 당신을 태워줍니다. 천천히 강을 따라 내려갑니다. 그리고 당신은 이 강이 다른 강과 다르다는 것을 눈치 챕니다. 이 강은 시간의 강입니다.

5년, 10년, 15년, 그리고 20년이 지납니다.

친절한 선장님은 다시 강가에 배를 정박하고 당신이 내릴 수 있도록 도와줍니다. 그리고 20년 후의 당신이 살고 있는 곳을 알려줍니다.

어디에 살고 있나요? 도시인가요? 시골인가요? 산인가요? 해변인가요? 아니면 다른 나라인가요? 당신이 원하는 모습을 그려보세요.

당신의 집이 보입니다. 문을 두드리자 미래의 당신이 대답을 하고 문을 열어줍니다. 그 사람의 눈을 바라보세요. 당신의 눈입니다. 그 사람의 웃음을 바라보세요. 미래의 당신이 입고 있는 옷과 보석, 그리고 신발 등을 바라보세요.

미래의 당신은 당신을 집으로 데리고 들어갑니다. 당신이 만들어낸 것들입니다. 색깔, 질감, 가구, 그리고 소파 등을 바라보세요. 미래의 당신이 앉을 것을 권유하고는 방을 나갑니다.

잠시 후 미래의 당신이 돌아와 아름다운 선물을 하나 전해줍니다. 오늘은 무엇을 주었나요? 미래의 당신에게 어떤 선물이 있는지 물어보세요. 당신의 귀에 조용히 속삭이는 것을 들어보세요.

이제 미래의 당신은 당신을 바라보며 물어봅니다. "무엇을 알고 싶은 건가요?" 가슴속에 간직한 질문을 해보세요. 혹은 이 여행을 위한 지혜나 이해를 구해보세요. 말을 하거나 기호를 보여주거나 사진 혹은 영화를 보여줄 수도 있습니다.

떠나기 전에 미래의 당신에게 아직 말하지 않은 중요한 것이 있는지 혹은 알아야만 할 것이 있는지 물어보세요.

이제 돌아올 시간입니다.

미래의 당신은 문 앞까지 배웅해줍니다. 당신이 떠나기 전에 물어보세요.

"내가 다음에 왔을 때 당신을 어떻게 불러야 할까요? 지금의 이름 말고 다른 이름이 있나요?"

미래의 당신이 귀에 속삭이도록 해주세요. 가볍게 안고 인사를 나누고 돌아간다고 하세요. 미래의 당신은 언제든지 돌아오고 물어볼 것이 있으면 오라고 도와준다고 할 것입니다. 이 사람은 당신을 도와주기 위한 동반자입니다. 이제 다시 강으로 돌아오면 친절한 선장님이 기다리고 있을 것입니다. 배에 올라타서 돌아오세요.

5년, 10년, 15년, 그리고 20년. 현재로 돌아왔습니다.

눈을 떠보세요.

미래의 당신에게 물어보기 좋은 질문이 몇 가지 있습니다.

미래의 당신에게 물어볼 질문

* 나는 누구인가요?
* 내 삶의 목적은 무엇인가요?
* 나의 가장 큰 선물과 재능은 무엇인가요?

인간관계에 대한 질문

* 내가 만나는 사람에 대해서 어떻게 생각하나요?
* 지금 만나고 있는 관계가 지속될 수 있나요?
* 이 관계를 위해서 무엇을 해야 하나요?

새로운 관계를 시작하기 위한 질문

* 새로운 사랑이 찾아오는 것을 막고 있는 것은 무엇인가요?
* 새로운 사람은 어떤 모습인가요?

❄ 새로운 관계를 시작하기에 앞서 어떤 생활 습관이 필요한가요?

가이드가 될 수 있는 질문

❄ 내 직업을 위한 다음 단계는 무엇인가요?

❄ 건강해지기 위해서는 무엇을 해야 하나요?

❄ 더 나은 ……을 위해서는 어떻게 해야 하나요?

저녁 반영 일기 쓰기

나는 저녁에 일기를 쓰는 것도 좋아한다. 저녁에는 나를 반영해서 글을 쓰기가 좋다. 당신이 누구이고 무엇이 되기를 원하는지와 같은 것들을 반영해서 주제를 만들어갈 수 있다.

당신이 받은 대답을 바탕으로 해서 당신의 삶을 어떻게 변화시켜야 하는지에 대해서 적어보자. 각각의 대답은 당신이 누구이고 무엇을 원하는지에 대한 단서를 갖고 있다. 이것은 당신의 개인적인 탐정 이야기다.

당신의 연극을 위해서 필요한 이야깃거리들을 찾아보고 경험해보자.

이러한 지시어들을 이용할 때에 타이머는 필요 없다. 대신 잠시 멈추어 고민을 해보고 스스로를 위한 시간을 갖도록 하자.

자아실현을 위한 글쓰기 지시어

❄ 하고 싶은 일 열 가지

❄ 밤을 새우면서 해볼 만한 다섯 가지

❄ 아이처럼 좋아하는 것 다섯 가지

❋ 좋아하는 텔레비전 프로그램이나 책 다섯 가지

❋ 좋아하는 사람 열 명(실제 사람이거나 가상이거나). 조금 더 나아가서 각 열 명에게서 매력을 느끼는 각각 다섯 가지의 개성에 대해서 적을 수도 있다(모든 사람 혹은 대부분의 사람이 좋아하는 특징이 있는지 살펴보자. 당신이 특별히 좋아하는 개성이나 특징이 있는지 살펴보자).

❋ 꼭 가고 싶은 곳 열 군데

❋ 만들어보고 싶은 다섯 가지

❋ 물질적으로 갖고 싶은 열 가지

❋ 당신의 마음을 가득 채우거나, 상상력을 자극하거나, 호기심을 자극하는 열 가지 생각

❋ 죽기 전에 이루고 싶은 다섯 가지

처음에는 많은 사람들이 지시어에 답하는 것을 어려워 한다. 첫째 주의 연습들은 이러한 질문에 대한 진실한 대답을 얻기 위한 것이다. 이러한 리스트는 당신에게 영감을 주고 동기를 유발하고 살아 있음을 느끼게 하는 것들에 대해서 특별한 단서를 제공해 줄 것이다. 당신의 리스트를 자주 돌아보자. 이러한 것들을 더욱 많이 할 수 있도록 노력하자.

당신은 이러한 글쓰기를 하는 동안 당신 자신도 몰랐던 자기를 만나게 되는 것에 놀랄 것이다. 당신이 누구인지 무엇을 원하고 무엇을 싫어하는지에 대해서 훨씬 많이 알게 될 것이다. 그리고 근원과의 협력으로 이끌어준 강력한 의사를 형성하게 해줄 것이다. 그에 대한 답례로 당신은 근원으로부터 끊임없는 선물을 받게 될 것이다.

이 프로그램을 진행하는 4주간 최소한 매일 5분씩은 일기를 써야 한다는 것을 잊지 말자. 더 길게 쓸수록 그 이점은 그에 맞게 늘어날 것이다. 일기를 쓰게 되면 당신은 언제나 당신의 생각과 감정을 정리할 곳을 만들 수 있다. 그 보상으로 당신은 자신에 대해서 더 많이 알게 되고 창조성을 높이게 될 것이다. 당신은 당신의 지혜와 놀라움을 위한 공간을 만들고 자신에게 영감과 즐거움을 주게 될 것이다.

• Director's Notes •

- 일기를 쓰는 것은 지적·심리적·영적 성장을 위해서 중요한 수단이다. 자신의 감정을 더욱 잘 알 수 있도록 도와줄 것이다. 가슴과 머리를 복잡하게 하는 생각과 감정을 적을 때 혼란은 명확함으로 변할 것이다.

- 일기 쓰기는 근원으로부터 원하는 바를 구체화하기 위한 수단이다. 원하는 바를 명확하게 하고 그것을 이해함으로써 당신이 원하는 것을 얻을 수 있다.

- 미래의 당신과 관계를 맺는 것은 당신에게 지혜를 준다. 미래의 당신은 당신보다 나이가 많고 현명하며 절대로 틀린 방향으로 당신을 이끌지 않을 것이다.

- 일기장을 갖고 있는 것은 시간이 지남에 따라 발전하는 당신의 모습을 볼 수 있도록 해준다. 지금의 상황들이 극복할 수 없는 것처럼 보일 때 그것들을 기록해 두고 해결할 수 있었던 과정을 돌아볼 수 있다.

Soul-work : 첫째 주

다음의 것들을 앞으로 일주일 동안 해보자.

* 명상 스테이션을 만든다.
* 새로운 일기장을 구입한다.
* '지금 여기에 있자'를 위해서 매일 세 번의 알람을 맞춘다. 알람이 울렸을 때 당신의 마음이 어디에 있는지 돌아보자. 그리고 당신의 마음을 오감 체크인 혹은 천천히 깊은 숨을 쉼으로써 현재의 순간으로 돌리자.
* 15분간 마음 챙기기 연습을 하자.
* 매일 한 가지의 글쓰기 연습을 골라서 5분간 일기를 쓰자.
* '미래의 나를 만나다' 명상을 하자.

첫째 주 : 매일 명상 연습

다음은 첫째 주의 매일 명상 훈련을 하는 데 도움이 될 만한 명상 가이드다. 명상을 위해 자리에 앉아서 허리를 세우자. 누군가가 읽어줘도 되고, 녹음을 해두어도 되고, 혹은 내 홈페이지에서 무료로 다운받을 수도 있다(www.thecenterofgrace.com/meditation).

현재의 순간으로 돌아오고 균형, 명확함, 그리고 집중을 할 수 있는 상태를 이루기 위해서 오감 체크인 훈련에서 시작하세요.

우선 시각을 떠올리세요. 방 주변을 돌아보세요. 색깔과 질감을 바라보세요. 천천히 물체 하나하나를 바라보세요. 과거나 미래의 생각이 떠오른다면 다음 물체를 바라보세요.

방 안에 있는 것 중에 한 번도 보지 못한 것이 있는지 둘러보세요. 무엇이 보이나요? 방 안에 있도록 하세요.

이제 눈을 감고 냄새에 집중을 하세요. 숨을 깊게 들이쉬세요. 방 안의 냄새가 어떠한가요? 요리를 한 냄새일 수도 있고 초의 향일 수도 있고 열려 있는 창을 통해 들어오는 냄새일 수도 있어요.

다음은 소리를 들어보세요. 방에서는 어떤 소리가 나는지 들어보세요. 이제 방 밖에서 들려오는 소리들을 들어보세요. 오른쪽 귀로만 들어보세요, 왼쪽 귀로만 들어보세요.

이제 촉감을 느껴보세요. 바닥에 닿아 있는 발은 어떤 느낌인가요. 지금 입고 있는 옷과 볼에서 느껴지는 공기는 어떤지 느껴보세요.

마지막으로 미각에 집중하세요. 부드럽게 혀를 입천장에서 움직여보세요. 그리고 침을 삼켜보세요.

이제 지금 이곳에 있도록 하세요.

이제 10분간 명상을 시작합니다.

세 번의 깊은 심호흡과 함께 명상을 시작하세요. 허리를 세우고 손을 편안하게 허벅지에 올려두세요. 우선 호흡을 내쉬고 들이쉬는 것에 집중하세요.

호흡이 들어올 때 편하게 느끼세요. 좋거나 나쁨을 생각하지 마세요. 그냥 '생각'이라고 스스로 말하세요. 그리고 다시 호흡에 집중하세요.

명상을 하면서 만트라를 사용할 수도 있습니다. 호흡을 들이쉬면서 '인In'이라

고 조용히 말하고 내쉴 때는 '아웃Out'이라고 하세요. 혹은 들이쉴 때는 '히어

Here', 내쉴 때는 '나우Now'라고 해도 됩니다.

이제 시작됩니다.

조용히 앉아서 10분간 명상을 합니다.

이제 매일의 명상이 끝났습니다.

Date
둘째 주
인생의
제작자가 되는 법(1)

✓ 3×5인치 정도 크기의 밝은 색 카드 더미

✓ 종이와 색연필

둘째 주 준비물

✓ 3×5인치 정도 크기의 밝은 색 카드 더미

✓ 종이와 색연필

생각하고, 믿고, 느껴라

영화 제작자의 역할은 영화의 시작부터 끝까지의 모든 과정을 바른 방향으로 이끌어가는 것이다. 제작자는 이야기가 영화 대본이 될 수 있도록 도와주고, 감독을 비롯하여 중요한 스태프 및 배우를 고용하고, 전체 예산 책정 및 에디터 고용, 그리고 영화 상영 전반에 걸친 과정을 관리해야 한다. 이러한 제작자 없이는 영화가 만들어질 수 없다. 그래서 제작자는 큰 그림을 그리며 영화 제작 전반에 걸친 모든 일을 관리해야만 한다.

독립 영화사를 운영하고 있을 때 나는 극작가부터 배우 그리고 의상 관련 일까지 다양한 경험을 했다. 동시에 그 회사에서 만드는 모든 영화의 제작자이기도 했다. 이를 위해서 나는 매 순간 적절한 사람과 적절한 장소를 찾아내고 각각의 장면에 맞는 옷을 골라 배우들에게 입혀야 했다. 짧게 말하자면 나는 음식 준비부터 스케줄 관리까지 모든 일들이 순조롭게 진행될 수 있도록 했다. 모든 일들이 원활하게 흘러가는 것이 중요했고 다양한 것들을 한꺼번에 관리했다.

그리고 나는 좋은 사람들과 일을 하면 세트의 분위기도 좋아진다는 것을 깨달았다. 또 세트의 분위기가 좋아지면 더 좋은 영화가 만들어진다는 것도 알게 됐다.

생각, 믿음, 그리고 감정을 조절하라

간략히 말하자면 제작자의 역할은 영화를 제작할 때 발생되는 다양한 일들을 모두 연결하고 관리하는 것이다. 당신 역시도 삶의 제작자가 되기 위해서 같은 역할을 수행해야 한다.

당신의 삶이라는 영화가 제대로 제작되었는지 어떻게 알 수 있을까? 당신의 일을 사랑하고, 좋은 사람을 만나고, 모험을 즐길 수 있는 시간이 있다면 제대로 만들어졌다고 할 수 있을 것이다. 잘 만들어진 삶은 모든 일들이 순조롭게 풀리고 당신의 목표를 향해서 초점이 맞추어진다. 당신이 진실한 당신과 잘 조정되어 있다면 당신은 모든 일들이 자연스레 풀리는 것을 경험하게 될 것이다.

두말할 나위 없이 아무리 잘 계획된 여행이라 하더라도 언제나 어려움은 있기 마련이다. 하지만 당신의 삶이 잘 조정되어 있다면 당신이 성장하고 변화함으로써 쉽게 그러한 어려움을 넘길 수 있을 것이다.

당신의 인생의 영화를 만들기 위해서는 어떤 것들을 조정해야 하는가? 보편적 끌어당김의 법칙에서 말하는 우리가 집중하고 있는 생각, 믿음, 그리고 감정의 주파수는 우리가 만들어낸 것들이다. 우리가 생각하고 믿고 느끼는 모든 것은 서로 간에 조화를 이루고 있다. 당신이 만들어낸 생각, 믿음, 그리고 감정은 당신의 삶이란 영화에 특정한 주파수를 만들고 서로 영향을 미친다.

끌어당김의 법칙은 당신이 집중하는 것을 당신에게 가져다준다. 그렇기 때문에 당신이 집중하는 생각들은 모든 것이 가능하다는 믿음을 바탕으로 해야 한다. 깊은 내면에서부터 당신은 의미 있는 삶을 살 가치가 있는 사람이라는 것을 알아야 한다. 당신은 스스로가 행복할 수 있다는 것을 확신해야 한다. 그러한 것들을 현실화하기 위해서는 보고, 믿고, 그리고 가장 중요한 것은 느낄 수 있어야 한다. 그리고 근원과 소통하기 위한 감정의 언어를 사용해야 한다. 그렇게 한다면 끌어당김의 법칙이 작동할 것이다.

처음 〈The Secret〉이라는 영화를 보았을 때 나는 순전히 내 생각에만 집중했었다. 비전보드를 만든 후 거기에 내 꿈을 붙였다. 내가 해야 하는 것은 순전히 소파에 앉아 비전보드를 바라보면서 행복한 상상을 하는 것 뿐이라고 생각했다.

불행히도 그러한 모든 행복한 생각과 긍정적인 생각은 부정적인 믿음의 일부였다. 나는 스스로가 내 꿈을 현실화할 수 있을 만큼의 충분한 능력이 있다고 믿지 않았다. 내 삶의 목적을 찾을 수 있을 것이라고 믿지도 않았고 내 영적인 동반자를 찾을 수 있을 것이라고 믿지도 않았다.

부정적이고 제한적인 믿음은 나의 긍정적인 의도를 모두 집어삼켰다. 나는 긍정적으로 생각했지만 긍정적으로 믿고 있지는 않았던 것이다. 결과적으로 긍정적으로 느끼지 않았기 때문에 내 꿈은 현실화되지 않았다.

나는 믿음과 느낌이라는 두 가지 중요한 요소를 완전히 무시하고 있었
다. 나는 오로지 내가 생각하는 것에만 집중했다. 삶의 제작자가 되기 위
해서 우리는 이 세 가지 모두에 집중하는 방법을 알아야 한다. 그 세 가지
의 조화가 꿈을 현실화하기 위한 열쇠이다.

생각, 믿음, 그리고 느낌이 조화를 이루기 위해 중요한 역할을 하는 두
가지의 도구가 있다. 첫째는 한발 물러서서 삶의 커다란 그림을 바라봄으
로써 당신을 관찰하는 방법을 아는 것이고, 둘째는 당신이 원하는 것을
따르는 데 필요한 용기를 얻기 위해서 개인의 능력과 용감함을 함양하는
방법을 배우는 것이다.

큰 그림 보기 : 자기관찰의 방법

삶의 작가가 되는 방법에서 얻은 도구를 사용해서 이제 당신은 큰 그림
을 바라보기 위해서 어떻게 한발 더 나아갈 수 있는지 배울 것이다.

당신의 큰 그림은 당신 머릿속의 생각, 당신이 갖고 있는 믿음, 당신이
느끼는 감정으로 결합되어 있다. 우선 하루하루의 생각, 믿음, 그리고 감
정을 정확히 알아야 끌어당김의 법칙을 이용할 수 있다.

큰 그림을 보려면 당신에 대한 판단을 내려두어야 한다. 당신은 당신의
결정과 행동 혹은 하지 않은 행동들에 대해서 후회하고 채찍질하기보다
는 앞으로 더 나은 삶을 바라는 사람이라는 것을 알아야 한다.

자기관찰은 바꿀 수 없는 과거의 일들로 스스로를 비판하는 것이 아니
라 앞으로의 더 나은 삶의 변화를 위해서 우리가 할 수 있는 것들을 찾아

삶에 반영하기 위한 과정이다. 자기 성찰을 통해서 처음으로 자신의 명확한 모습을 보게 될 것이다. 스스로를 어떻게 판단하고 있었는지 알게 될 것이고 그러한 판단을 버림으로써 무엇이 가능하고 무엇이 가능하지 않은지를 알게 될 것이다. 곧 자신을 바라보는 관점을 바꾸고 스스로를 잘 조정할 수 있게 될 것이다.

이 과정을 겪음으로써 당신은 관찰하고, 평가하고, 결론을 내릴 수 있다. 그럼으로써 끌어당김의 법칙을 활성화시키는 자신의 생각, 믿음, 그리고 감정을 선택하기 위해 필요한 조절을 할 수 있다. 결과적으로 당신이 출연하고 싶은 새로운 영화를 만들어낼 수 있게 된다.

최근에 나는 가까이에서도 큰 소리로 이야기하는 학생을 만난 적이 있다. 그녀는 말을 할 때 가까이서도 너무 큰소리로 이야기해서 친구들이 없었다. 하지만 그녀는 여전히 왜 친구가 없는지를 이해하지 못했다.

내가 그녀에게 내준 연습을 진행하면서 그녀는 다른 사람들의 관점에서 스스로를 바라보기 시작했다. 그녀는 일기 쓰기를 하면서 8남매로 지냈던 어린 시절의 기억을 떠올렸다. 그 기억을 통해 자신의 이야기를 누군가가 들어주길 바라고 있다는 것을 깨달았다. 또 다른 사람의 말을 끊고 시작해야만 하거나 혹은 다시는 그 말을 하지 못하게 될지도 모른다는 느낌을 받는다는 것도 알게 됐다. 그녀는 생각나는 것이 있을 때면 다른 사람들과의 대화 도중에 끼어들어 큰소리로 이야기하곤 했다. 그러한 이유로 사람들과의 의사소통 과정이 매끄럽지 않게 된 것이었다.

또한 그녀는 마음 깊은 곳에서부터 말이라는 것은 중요한 것이 아니라는 믿음이 있었다. 그녀는 아이처럼 반복적으로 이야기했다. 그녀의 화나 좌

절감과 같은 감정은 성장을 하면서 누군가에게 말할 사람이 없었음에서 나오는 것이었다. 이러한 것들을 깨닫게 된 후 그녀는 내 의견을 물었다.

나는 그녀가 스스로에 대해 내린 판단이 정확하다고 확신했다. 나는 그녀에게 정말 시끄럽게 말하는 뉴욕 사람을 만났던 경험을 이야기해주었다. 그 사람이 나에게 더 부드럽게 대화하는 방법을 배운 후 사람들과 더욱 잘 지내고 있다는 것도 말해주었다. 그리고 그녀에게 내가 사용했던 개인적인 믿음의 체계를 재구성하는 방법에 대해서 알려주었다. 나는 그녀에게 누군가와 대화할 때마다 소리를 반으로 줄이는 리모컨이 있다고 상상해보라고 했다. 그녀는 "리모컨이 작동될 수 있는 곳으로 가서 소리를 줄이도록 하세요"라고 말했다.

그 방법이 적절했는지 그녀는 사람들과 좋은 관계를 맺기 시작했다. 그녀는 다른 사람들의 이야기를 잘 들어주었고 본인의 이야기를 할 때도 적당한 소리를 유지하며 조용히 이야기했다. 그녀는 그 반의 학생들과 친해졌고 곧 몇몇 학생들이 그녀와 저녁 식사를 함께하기도 했다. 정말 아름다운 변화였다.

당신은 당신에게는 보이지 않지만 다른 사람들에게만 보이는 당신의 모습을 종종 발견하게 될 것이다. 다른 사람들에게 미치는 영향을 솔직하게 바라봄으로써 당신은 새로운 삶을 만들기 위해 필요한 변화를 만들어낼 수 있다.

새로운 생각과 새로운 믿음은 새로운 감정의 주파수를 만들어낼 것이다. 그리고 근원은 당신이 만들어내고자 하는 모든 것들을 가져다줄 것이다.

개인의 능력과 용감함 기르기 : 두려움을 이기는 방법

삶의 제작자가 된다는 것은 당신의 힘을 필요로 한다. 앞으로 전진하기 위한 힘은 오로지 당신에게서 나온다. 나는 4주간에 걸쳐서 개인의 능력과 용감함을 기를 수 있도록 도와줄 것이다.

많은 사람들이 실패와 성공을 두려워한다. 그러한 공포는 당신과 당신의 꿈 사이에 끼어든다. 새로운 삶을 형상화하기에 앞서 당신은 그러한 감정을 모두 없애야 한다. 둘째 주에 알려줄 다양한 도구들은 그러한 과정을 도와주는 개인의 능력과 용기를 기르기 위한 것들이다.

우리는 모두 두려움을 느끼지만 선택을 할 수도 있다. 두려움이 우리의 꿈으로 가는 길을 막아버리도록 놔둘 수도 있지만 정면으로 바라보고 "나는 공포가 보인다. 나는 느낄 수 있다. 하지만 나는 공포에 지지 않을 것이다"라고 이야기할 수도 있다. 공포는 우리의 생각, 믿음, 그리고 감정에 영향을 미친다. 무엇인가 일어날 것만 같아 겁을 먹거나 최악의 상황을 걱정할 때 근원은 그 주파수를 받아들인다. 끌어당김의 법칙은 더 많은 공포와 걱정을 전달해준다. 그래서 우리의 영화를 공포 영화로 바꾸어버리고 말게 될 최악의 주파수를 지속적으로 활성화시키게 된다. 이러한 것을 피하기 위해서 우리는 우리가 두려워하고 있다는 것을 알고 천천히 그 공포를 극복해야 한다. 우리는 공포심을 자신감으로 바꿈으로써 감정의 주파수를 변화시킬 수 있다.

대부분의 삶에서 나는 신체적으로 위협이 될 만한 모험들에서 공포를 느껴왔다. 예를 들어 나는 바다에서 잠시라도 수영을 하려고 하면, 영화 〈죠스〉의 주제곡이 머릿속에서 맴돌아 허겁지겁 해변으로 돌아오곤 했다. 높은 것도 무서워했고, 롤러코스터를 타지 못했고, 간혹 엘리베이터 조차도 무서워했고, 손톱이 깨질 수 있는 모든 활동을 두려워했다.

그런 나에게 내 아들은 축복이었다. 콜Cole이라는 아이의 어머니가 된다는 것이 내가 처음 어린 남자아이와 맺는 관계였다. 나는 형제가 없이 자랐기 때문에 콜이 성장함에 따라서 어떻게 대해야 할지 알 수 없었다. 어린아이일 때 나는 조용히 책을 읽는 것에 열중했었다. 바비 인형의 옷을 입히고 샤워를 시키면서 놀기도 했다. 나는 하나부터 열까지 여자아이였다.

그에 반해 내 아들은 '보딩'이라는 것이 들어가는 활동을 좋아했다. 스케이트보딩, 스노우보딩, 그리고 웨이크보딩. 그뿐만 아니라 다른 모험적인 것들도 즐겼다.

나에게는 콜이 그의 친구인 닉Nick과 워터파크에 함께 가자고 했던 것이 물리적 공포를 이기기 위한 행동의 시작이었다. 아이들이 칠흑 같은 어둠에서 어마어마하게 빠른 속도로 미끄러지다가 갑자기 40피트가 되는 미끄럼틀로 내려오는 워터 슬라이드를 타자고 했다.

"아냐. 괜찮아." 웃으며 말했다.

"여기서 책보고 있을게, 다 놀고 나면 알려줘. 유수풀에 가서 놀아."

그때 내 아들이 했던 말을 잊지 못한다.

"엄마, 맨날 학생들에게는 용감함에 대해서 이야기하면서 거의 모든 것들을 다 무서워하고 있는 엄마의 모습은 뭔가 말이 안 되는 것 같아요."

순간 깜짝 놀랐다. 종종 내 워크숍에 왔던 내 아들이 나보다 더 많은 것들을 이미 배웠던 것이다. 나는 내 삶에 대한 두려움 없이 내 꿈과 열정을 따를 수 있는 스스로에게 자부심이 있었다. 나는 기업가로 일하고, 세계 여행을 하고, 수백 명의 사람들 앞에서 강연을 했다. 하지만 내 아들이 옳았다. 신체적인 활동에 관해서라면 나는 완전히 겁에 질려 있었다.

말을 꺼내는 순간 내 가슴이 요동치고 있었다.

"그래 콜, 네가 맞아. 내가 저걸 타지 않으면 겁쟁이 같을 거야. 해볼게."

한 번도 나의 그런 모습을 본 적이 없는 콜은 깜짝 놀라서 나를 바라봤다. 눈을 동그랗게 뜨고 물었다.

"진짜로요, 정말 같이 탄다고요?"

내가 대답했다.

"응, 하지만 마음 바뀌기 전에 얼른 가자."

그가 말했다.

"그건 두려움을 이기는 제대로 된 방법이 아니죠. 충분한 용기를 얻고 시작해야지요."

확실히 이 부분은 내 아들이 나보다 더 나은 듯했다. 그는 말했다.

"내가 어둠에 대한 두려움을 이겼을 때 기억하세요? 그냥 갑자기 불을 끄고 잠이 든 것이 아니라 충분한 용기를 얻기 위한 과정이 있었잖아요. 처음 며칠은 머리맡의 불을 켜고 방의 불을 껐고 그 후에는 취침 등만 켰어요. 그러고 나서 취침 등을 끄고 방 밖의 불을 켰고요. 2주가 지나서야 난 완전히 어두운 곳에서 잠을 잤어요."

나는 이 모든 과정을 잊고 있었다. 콜이 계속 말했다.

"그래서 우리는 똑같은 것을 해야 해요. 일단 가장 쉬운 것을 타고 조금 더 큰 슬라이드를 타고 마지막으로 정말 무서운 것을 시도하는 거예요.

어때요?"

　꽤 그럴듯한 생각이었다. 처음 두 가지의 놀이 기구는 정말 쉬운 것들이었다. 하지만 마지막 놀이 기구에 도전할 때는 긴장이 됐다. 줄을 서서 기다리는 15분 동안 나 자신을 바라보았다. 나는 '벌써 마흔이야. 이런 것을 탈 이유가 없잖아? 목이 부러질지도 몰라' 등의 부정적인 생각을 하고 있었다. 하지만 내 안에서 '새로운 생각을 하자. 뭔가 다른 것을 생각하자 젠'이라는 소리가 들렸다.

　그래서 곧 나는 "오 이것 봐. 이 줄이 빨리 줄었으면 좋겠어! 빨리 타고 싶단 말이야! 더 이상 참을 수 없을 만큼 타고 싶어. 이 재미있는 것을 빨리 하고 싶어"라고 말했다.

　나는 영화에서 사용하는 중요한 연기 방법인 내적 독백을 사용했다. 이 방법은 내적인 생각을 언어화하여 외적 행동으로 바꿀 수 있도록 도와준다. 그렇게 함으로써 나는 영화 속 인물을 연기할 수 있고 인물의 내면이 무엇을 느끼고 생각하는지 실제가 아니어도 알 수 있게 된다.

　그때에도 그 방법은 제대로 작동됐다. 더 이상 가슴이 두근거리거나 손에서 땀이 나지 않았다. 그리고 나는 웃고 있었다.

　내 차례가 되었을 때, 콜이 걱정되어 물었다.

　"엄마 정말 확실해요? 할 수 있어요? 너무 무서우면 하지 않아도 되요."

　나는 뒤를 보며 자신 있게 말했다.

　"말도 안 돼! 가자!"

　놀랍게도 나는 한 치 앞도 보이지 않는 어둠 속에서 이리저리 흔들릴 때 소리도 지르지 않았다. 그날 이후로 뜨거운 석탄 위를 걷기, 스쿠버다이빙, 수천 피트 상공의 활강 줄타기, 급류 래프팅 등의 자격증을 취득할 때마다 이와 같은 방법을 사용했다. 만약 수년 전에 나에게 저런 것들을 하자고 했다면 무조건 거절했을 것이다.

무엇이 당신 개인의 능력을 막고 있는가? 두려움 없이 앞으로 나아가는 것을 막고 있는 것들은 무엇인가? 그런 것들에 대해서 생각해보고 평소에 하지 않았던 것들에 도전해보자. 나와 같이 육체적인 것일 수도 있고 말하기 힘들었던 사람들과의 대화나 상사에게 월급을 올려달라고 하는 것일 수도 있다.

당신이 무서워하는 것이 어떤 것이든 그것을 경험함으로써 당신의 머릿속에서 일어나는 내적 대화를 바꿀 수 있다. 내가 하려는 일에 대한 부정적인 내면의 소리에 겁먹지 말고 기분 좋게 대하자. 그것을 실행하고 나면 얼마나 쉬웠는지 느끼게 될 것이다.

연습의 확장

둘째 주에 당신은 두 개의 중요한 연습을 기존의 연습들인 마음 챙기기, 명상, 그리고 일기 쓰기에 추가해야 한다. 우선 당신의 꿈을 이야기할 수 있도록 도와주는 긍정적인 생각을 기르는 것에 모든 초점을 맞추어야 한다. 그러기 위해서 당신의 꿈이 실현 가능하다고 믿는 개인의 능력을 함양해야 하고 부정적인 믿음의 체계를 새로 고쳐야 한다.

셋째 주에 당신은 꿈의 제작자가 되기 위해 필요한 한 가지 연습에 집중하게 될 것이다. 이것은 당신의 꿈을 이루기 위한 진실한 감정을 기를 수 있는 확실한 연습으로 전체 과정에서 가장 중요한 것 중의 하나이다. 이 연습만을 위해서 한 주 전체를 할애해야 한다.

'우주에서 가장 강력한 것 중 하나가 정신을 집중하는 것이다.'라고 말한 적이 있다. 매일 15분 동안의 명상에 집중하자. 그리고 의도하는 바에 집중하는 당신과 당신의 힘을 상상하자. 당신의 생각, 믿음, 그리고 느낌을 더 높은 상태로 올리는 정신의 힘을 사용함으로써 당신은 더 높은 가능성에 도달할 수 있다.

매일의 명상과 현실화 루틴은 둘째, 셋째 주의 새로운 도구들을 기존의 것들과 함께함으로써 더욱 강력한 힘을 갖게 될 것이다. 당신의 내적 제작자는 꿈은 이루어진다는 확실한 믿음을 바탕으로 하여 당신의 꿈과 목표를 조정하게 될 것이다.

앞으로 2주는 당신의 생각, 믿음, 그리고 감정을 조정하는 당신의 힘에 접근하고 삶의 새로운 영화를 제작하는 것에 관한 것이다. 여기에 주어진 연습들은 간단하지만 엄청난 힘을 갖고 있다. 자기 자신을 관찰하고 스스로의 삶을 판단하지 않고 바라보고자 하는 마음을 갖고 이러한 연습을 해보자. 더 큰 꿈을 갖도록 마음을 열자. 더 이상 당신에게 적합하지 않은 제한적인 믿음들을 모두 버리자.

삶의 제작자가 되는 것은 새로운 관점에서 당신의 큰 그림을 바라 볼 수 있도록 해준다. 당신은 용기, 연민, 그리고 자신감 등 모든 것들을 조화롭게 만들어줄 도구와 함께 새롭게 발견된 자의식을 발견할 것이다.

연습 4

의도 설정하기

2011년 1월 11일, 나는 다음 해를 위해 다음과 같은 여섯 개의 의도를 만들었다.

❋ 나는 새롭게 헤이 하우스Hay House에서 책을 출판하게 되어 흥분을 느낀다.

❋ 나는 내 강의인 '창조적 이해 여행'이 인기가 있어 대기자 명단까지 있다는 것을 즐긴다.

❀ 나는 스키니 진을 입게 된 것에 흥분을 느낀다.

❀ 나는 내가 사랑을 하고 다른 사람들의 삶을 바꿀 수 있다는 것에 감
사함을 느낀다.

❀ 나는 내 아들과 함께 놀아줄 또래의 아이들이 많은 리오 비스타^{Rio}
^{Vista}에 살고 있다는 것에 행복을 느낀다.

❀ 나를 아무 조건 없이 사랑해주고 지지해주는 아름다운 친구들과 함
께 있음에 경외심을 느낀다.

정확히 10개월 후인 2011년 11월 11일, 내가 발리 옴룩스^{Omluxe}에서 수
행을 하고 있을 때 나의 모든 의도가 이루어졌음을 깨달았다. 아직 내 책
이 출판된 것은 아니지만 곧 될 터였다.

그 상서로운 2011년 11월 11일 저녁, 내 친구이자 사업 동반자인 파멜
라 존스와 나는 다른 수행 참가자들과 함께 발리 외곽에 있는 우붓^{Ubud}
마을에 모여 작은 모닥불 앞에 둘러앉았다.

수탉들이 울고 있었고 개들이 사납게 짖고 있었다. 우리에게 집을 제공
해준 발리의 사제는 우리의 이마에 노란색 물감을 바르고 이마 한가운데
에 빨간 점을 찍었다. 열 명 모두가 그의 현실화 의식을 경외심을 갖고 지
켜보았다.

그 사제는 불이 우리의 현실화를 더 빠르게 해줄 것이라고 했다. 불 앞
에 놓인 커다란 돌은 신들을 의미하여 코코넛 우유, 설탕, 쌀, 그리고 꿀
을 제물로 바쳤다. 그가 각각의 재료를 돌에 넣으면서 모국어로 성가를
불렀다. 이제 우리 차례였다. 그는 우리에게 각각 한 그릇의 쌀을 불에

700번 뿌리라고 했다.

"70번이라는 거죠?" 잘못 들었으리라 생각하고 물었다.

그가 말했다. "아니요. 700번이요."

약간 걱정스레 바라보는 학생들을 조금 미안한 눈빛으로 바라보았다. 어찌되었든 우리는 일생의 한 번뿐인 경험에 동참했고 누구도 여기서 물러서려고 하지 않았다. 사제는 진지한 표정으로 말했다.

"처음 300번 쌀을 뿌릴 때는 당신이 포기하고자 하는 것을 마음속으로 생각하면서 뿌리세요. 그리고 그다음 400번은 당신이 원하는 것을 생각하면서 뿌리세요."

갑자기 혼란에 빠졌다. 내가 뭘 원했지? 400번이나 말할 만큼 바라고자 한다면 진정 마음속에 있는 것을 이야기해야 하는 것이 맞았다. 나는 곧 이 수행의 지도자로서 학생들의 의도를 발전시키는 것에만 도움을 주었지 나 스스로를 위한 새로운 의도는 발전시키지 않았음을 깨달았다.

짧게 내 삶을 돌아보았다. 몸은 건강하다. 몸무게를 20파운드나 줄여서 다시 스키니 진을 입을 수 있게 되었다. 나는 내 아들이 벌써 네 명의 또래 친구들을 만날 수 있었던 리오 비스타에 살고 있다. 헤이 하우스에 이미 책을 제안했고 대답을 기다리고 있다. 그리고 나의 'Creative Insight Journey' 강좌는 대기자 명단까지 갖고 있을 정도로 매년 인기가 좋았다. 이러한 모든 것들은 좋은 친구들과의 관계 덕분에 가능했다. 내가 뭘 더 바랄 수 있지? 이미 나는 내가 본 최고의 영화에 주인공인 듯했다. 나는 말 그대로 꿈같은 나날을 보내고 있었다.

그때 내 삶에서 부족한 것이 딱 하나 떠올랐다. 사랑이었다. 그해 초 한 남자와의 관계가 끝이 났다. 그리고 나는 열여섯 살 이후로 한 번도 혼자였던 적이 없었다는 것을 깨달았다. 누군가를 만나고, 결혼을 하고, 다시 누군가를 만났다. 한 번도 중간에 사랑을 멈춘 적이 없었다. 사랑은 한때 내가 가장 좋아하던 것이었다.

나는 마흔 살까지의 기간을 'hy-datus'임을 선언했었다. 내 친구인 조안나 포퍼Joanna Popper가 만들어낸 데이트가 없는 기간을 의미하는 단어이다. 그래서 2011년 한 해를 혼자서 보냈었다. 내 선택이었지만 처음에는 엄청 불편했다. 혼자서 이벤트에 가는 것도 싫었다. 나는 다른 누군가가 나를 사랑해주지 않으면 나 스스로의 가치가 없어지는 것처럼 길들여져 있었다. 잠을 자고 일어나도 고독하고 불안했다. 처음 3개월간 이러한 증상들을 이겨내기 위해서 내가 알고 있는 모든 방법을 동원했다.

어느새 혼자라는 것이 좋아지기 시작했다. 내 아들 외에는 아무도 신경 쓰지 않게 되었고 친구들과도 더욱 가까워졌다. 여자친구들과 더 많은 시간을 보낼 수 있었고 매일 다리 면도를 하지 않아도 됐다. 다시 사랑에 빠지게 될 것이라는 생각을 하지 않을 만큼 혼자임이 즐거웠다. 하지만 발리에서 모닥불 앞에 앉아 있던 그날 내 마음속 깊은 곳에서 무엇인가가 내게 이제 시간이 되었음을 알려줬다.

그래서 나는 700번의 쌀을 던지기 시작했다. 뜨거운 불의 열기에 온 얼굴은 땀범벅이 되었지만 더 이상 할 수 없을 때까지 계속했다.

매번 쌀을 던질 때마다 나는 다음에 만날 영적 파트너에게 원하는 조건들을 떠올렸다. 쌀을 던질 때마다 매번 포함되었던 것들은 카리스마 있고, 자신감 있고, 친절하고, 야망 있고, 재미있고, 모험을 좋아하고, 창조적이고, 잘생겼으면서 개방적이라는 것이었다.

실제로 어떻게 생겼는지, 직업이 무엇인지, 혹은 부유한지에 대해서는 떠올리지 않으려고 조심했다. 나는 그저 그가 어떤 사람이었으면 좋겠다는 것에만 집중했다.

정확히 한 달하고 이틀 뒤인 2011년 12월 13일, 나는 그를 만났다. 그는 내가 원하는 모든 것을 갖고 있었을 뿐 아니라 그 이상이었다. 지금 이 글을 쓰는 8개월 후의 시점에 우리는 "행복하게 잘 살고 있다"고 말할 수 있다. 곧 발리로 다시 돌아갈 것이고 그때는 그와 함께 또 다시 삶을 바꿀 수 있는 수행을 할 것이다.

의도란 무엇인가?

의도는 하고자 하거나, 되고자 하거나, 혹은 갖고자 하는 것에 대한 목적이거나 목표일 수도 있고 꿈일 수도 있다. 내 멘토인 줄리아 로메인은 우리가 의도를 갖고 있을 때와 갖고 있지 않을 때의 차이를 느낄 수 있는 좋은 방법을 알고 있었다.

우선 이 두 줄을 읽고 나서 책을 잠시 내려놓자. 편하게 방의 다른 쪽 구석으로 가라. 그리고 다시 책으로 돌아오자. 자 지금 이렇게 해보자.

다녀왔는가? 다시 한 번 해보는데 이번에는 당신이 진정으로 원하는 것을 생각하면서 하자. 그것이 방의 다른 쪽 구석에 놓여 있다고 상상해보자. 이제 당신이 해야 하는 것은 가서 들고 오면 되는 것이다. 그쪽으로 가기 전에 마음속에 원하는 것을 그리자. 자, 이제 방의 다른 쪽으로 갔다가 오자.

차이를 느꼈는가? 처음에 당신은 방의 다른 쪽으로 아무 목적 없이 갔을 것이다. 특별한 목적이나 의도를 갖고 있지 않았을 것이다. 하지만 두 번째의 경우에는 좀 더 에너지가 넘치고, 집중을 하게 되고, 동기가 유발됨을 느꼈을 것이다. 이것이 의도의 힘이다.

간단히 말하자면 의도는 당신이 원하는 것을 현실화하고자 하는 강력한 생각이다. 그러한 의도와 함께하기 위해서 당신은 반복의 연습을 배워야 한다. 당신의 의도를 매일 반복함으로써 당신은 당신의 잠재의식을 여러 시간에 걸쳐서 재구성하게 될 것이다. 매번 당신의 의도에 집중할 때마다 당신은 당신의 목표를 더욱 확고히 하고 당신의 의식에 새로운 청사진을 만들게 될 것이다.

발리에서 학생들과 쌀을 던졌던 이야기를 돌아보면 나는 만족스러운 사람을 찾기 위한 목표를 확고히 했다. 그 경우 나는 의식儀式을 행했다. 신자들이 행하는 기도나 이 책에서 이야기한 것과 같은 의식들은 이러한 의도를 만들고자 하는 것이다. 특정한 곳에 가서 특정한 방법으로 특정한 행동에 참여함으로써 새로운 청사진을 그리는 것이다. 물론 좋은 사랑을 하기 위해서 당신이 꼭 발리에 가서 모닥불에 700번의 쌀을 던져야 할 필요는 없으며, 그러한 꿈을 현실화하기 위한 방법은 다양하게 존재한다.

이 프로그램에서는 당신이 작성한 의도를 반복적으로 말하는 매일의 연습을 통해서 당신의 의도를 더 명확하게 할 것이다. 이러한 의도는 어마어마한 힘을 만들어내게 되고 근원은 이러한 힘에 응답하여 당신이 집중하는 것을 가져다 줄 것이다.

나는 보통 여섯 개의 의도를 결합해서 진행한다. 숫자로 미래를 예견하는 수비학적 관점에서 '6'이라는 숫자는 가장 사랑스러우면서도 조화를 이루는 숫자이다. 너무 많은 의도를 갖게 되면 집중하기 힘들기 때문에 나는 여섯 가지에 집중하곤 한다. 그와 반대로 너무 적으면 전력을 다하지 않는 경우가 발생한다.

매일 나는 3×5인치 크기의 카드에 쓰여 있는 여섯 개의 의도를 집어 들고 명상을 하기 전에 큰 소리로 읽는다. 이러한 과정을 통해서 내가 무엇을 원하는지를 상기시키게 된다. 만약 새해의 목표를 1월에 만들었는데 2월까지만 열심히 하다가 말았다면 이러한 방법이 도움을 줄 것이다. 매일 당신의 의도를 읽음으로써 당신이 약속한 것이 무엇인지 다시 한 번 떠올리게 된다.

여러 개의 똑같은 세트를 만들 수도 있다. 나는 여섯 장의 의도 카드를 내 침대맡과 명상 스테이션과 차에도 놓두었다. 교통 체증으로 차가 막혀 있을 때 카드를 꺼내서 읽기도 한다. 그렇게 함으로써 내 감정의 주파수를 조절하고 내 불만을 낮출 수 있다. 언제 어디서 카드를 읽는지는 문제가 되지 않는다. 더 많이 할수록 더 빨리 근원이 당신을 위해서 움직이게 될 것이다.

예를 들어 내가 '나는 헤이 하우스에서 새로운 책을 출판한다는 것에 흥분을 느낀다'라는 매일의 의도를 뽑아들었을 때, 아직 이루지는 않았었지만 끊임없이 의도를 반복적으로 상기해서 지금은 그 의도를 이룰 수 있었다.

삶의 가치를 매기다

지금쯤 당신의 명상과 일기 쓰기 연습은 삶의 새로운 영화에 초점을 맞추기 시작했을 것이다. 당신의 의도는 당신이 그 영화에서 사용하게 될 대본이다.

만약 당신이 무엇을 이루고자 하는지 명확하지 않다면 나는 삶을 돌아보기를 권한다. 삶의 면면을 돌아보면서 당신이 중요하다고 생각하는 삶의 카테고리를 만들고 각각을 1점에서 10점까지 점수를 매겨보자. 만약 당신의 삶에서 완벽한 부분이 있다면 10점을 주고 완전히 실패한 부분은 1점을 주자. 5점은 양극단의 중간쯤일 것이다. 만약 어느 카테고리든지 7점 이하가 된다면 그 부분에서 당신의 삶과 경험을 변화시키기 위한 의도를 만들어내자.

다음의 카테고리에 맞춰 점수를 매겨보자.

건강 : _________   가정 : _________

사랑 : _________   우정 : _________

재정 : _________   집 : _________

경력 : _________   모험/즐거움/여행 : _________

만약 여섯 개 이상의 카테고리에서 7점 혹은 그 이하가 된다면 그중에서 가장 먼저 바꾸고 싶은 여섯 가지를 고르자. 만약 여섯 개 이하만 골라진다면 집중하고 싶은 삶의 카테고리에서 하나 이상의 의도를 만들어서 여섯 가지를 채우자.

의도 만들기

물론 모든 일은 각자의 신성한 시간에 맞추어 일어난다. 당신은 근원에게 언제 일어나게 해달라고 요구할 수는 없지만 무엇이 일어나게 해달라고는 요구할 수 있다. 당신의 의도를 만들어내면서 올해 안에 만들어내고자 하는 목표로 시작해보자. 그렇게 한다면 언제가 되었든지 간에 더 중요하거나 현실성이 있는 것들부터 곧 일어날 것이다.

당신의 의도는 편안하게 이룰 수 있는 것보다 적당히 더 나아간 것이어야 한다. 예를 들면 '나는 《뉴욕타임스》 선정 베스트셀러 작가가 될 거야'라는 의도는 책을 쓰기도 전에 너무 멀리 나간 목표이다. 하지만 '책을 출판할 거야'라는 의도는 베스트셀러 작가가 되는 것보다 현실적인 목표이기도 하면서 내가 쉽게 이룰 수 있는 목표가 아니었다.

당신의 의도를 만들어가면서 꼭 기억해야 하는 것이 있다. 근원에게 가능한 것을 요구하고 실망하거나 실패할 것이라고 단정 짓지 마라.

당신이 평가한 카테고리들은 당신의 삶에서 향상될 부분들이 어느 부분인지 결정하는 데 도움을 줄 것이다. 하나의 예로 나는 배우 줄리가 만든 여섯 개의 의도를 알려줄 것이다. 그녀는 경력, 재정, 그리고 우정을 제외한 다른 모든 분야에서 8점 이상의 점수를 주었다. 그녀는 이 세 가지 분야에서 각각 두 개씩의 의도를 설정했다.

경력

- 나는 나를 흥분시키고, 자극시키고, 더 큰 도전들을 통해 성장할 수 있도록 도와주는 제작자, 감독, 그리고 배우들과 함께 주요 역할

을 맡게 되어 큰 기쁨을 느낀다.

- 나는 로버트 뉴만 Rovert Newman 을 비롯해서 지금까지 함께해온 사람들과 내가 꿈꿔왔던 프로젝트의 역할에 대해서 이야기하는 것에 고무된다.

재정

- 나는 스트레스를 받지 않고 연기에 대한 내 열정을 지속할 수 있는 재정적 지원이 되는 파트타임 일을 한다는 것에 기분이 좋다.
- 나는 내 은행 잔고에 충분한 수입을 가져다줄 세 개의 상업 광고를 매년 하기로 했다는 것에 평화를 느낀다.

우정

- 나는 좋은 친구들과 함께한다는 것에 행복함을 느낀다.
- 나는 누군가의 가장 좋은 친구임에 설렘을 느낀다. 우리는 함께 웃고, 함께 듣고, 그리고 함께 좋은 시간을 보낸다.

의도 설정 공식

의도를 만들고자 한다면 매우 간단한 몇 개의 공식을 따르면 된다.

나는 지금 내가 (목표)를 이루어서 (의도가 이루어졌을 때 당신이 느낄 수 있는 감정의 상태)를 느낀다.

‘언제나 ~이다’, ‘갖고 있다’라고 쓰고 ‘원한다’ 혹은 ‘필요하다’라고 하지 말자. 근원은 문자 그대로 대답을 한다. 만약 당신이 ‘나는 ~을 원한다’라고 한다면 더 많은 것들을 원하게 될 것이다. 당신이 ‘나는 ~이 필요하다’라고 한다면 더 많은 것들을 필요로 하게 될 것이다. 하지만 당신이 마치 모든 것이 이미 이루어진 것처럼 ‘나는 ~이다’라고 한다면 근원은 당신에게 그것을 전해줄 것이다.

물론 당신이 무엇을 만들고자 하는지 완전히 명확하지 않을 수 있다. 그런 경우라면 ‘나는 내 삶의 목적이 뚜렷함에 즐거움을 느낀다’라는 것으로 모든 것을 명확히 하자. 여기에 다른 학생들이 사용했던 몇 가지의 예제가 더 있다.

* 나는 내가 원하는 시간에 일을 하고 내가 좋아하는 일을 하면서 다른 사람들을 도와줄 수 있음에 설렘을 느낀다.
* 나는 금전적으로 자유로움에 감사함을 느낀다.
* 나는 내 딸과 사랑스러운 관계를 맺고 있음에 자부심을 느낀다.
* 나는 성공적인 예술가임에 힘을 느낀다.
* 나는 나를 지지하고 내가 잘되기를 바라는 사람들에게 둘러싸여 있음에 행복함을 느낀다.
* 나는 사람들에게 안정적인 직업을 제공할 수 있고 높은 수입을 갖고 있음에 흥분을 느낀다.
* 나는 내가 신체적으로 전에 없이 건강하다는 사실에 놀라움을 느낀다.

나는 내 의도의 진행 상황을 체크하기 위해 사용하는 특별한 방법을 갖고 있다. 매번 내 의도가 결실을 맺을 때마다 나는 Victory의 'V'를 카드의 한쪽 구석에 써두고는 책상 앞에 붙여 둔다. 이렇게 하는 것이 내 믿음의 체계를 공고히 할 수 있도록 도와준다. 그리고 눈앞에 쓰인 글이 이루어졌음을 다시 보면서 내가 얼마나 강한지를 느끼게 된다.

당신의 의도 만들기 연습

여섯 장의 3×5인치 정도의 카드를 만들어라. 각각의 카드에 의도 만들기 공식에 따라서 하나의 의도를 적어라. 이 의도 카드는 둘째 주, 셋째 주, 넷째 주, 그리고 그 이후 매일의 명상과 현실화 루틴을 할 때 지속적으로 사용하게 될 것이다. 잠시 시간을 갖고 자신감 있고 신념에 찬 목소리로 각각의 의도를 큰소리로 읽어보자.

어떻게 느껴지는가? 당신이 말한 것을 믿을 수 있는가? 혹은 머릿속의 부정적인 목소리가 '잠깐 생각 좀 해보자. 그걸 다 이루기에 너는 그렇게 똑똑하지도 않고, 잘나지도 않았고, 부유하지도 않잖아?'라고 하는가?

나도 그렇게 생각했다. 이것이 내가 '쓸데없이 시끄러운 위원회'라고 부르는 것들이 떠드는 소리이다. 이렇게 머릿속을 맴도는 부정적 목소리들은 당신이 꿈꾸는 삶을 살게 되면서 말 그대로 멈출 수 있다. 이러한 것들을 완전히 물리치기 전에 잠시 이 귀찮은 것들을 보고 이야기해보자. 그럼으로써 당신이 새로운 영화를 만드는 데 이것들이 방해꾼으로 등장하지 않게 될 것이다.

믿음 재정립하기

"우리가 살아가면서 행하는 모든 것들 이상으로
우리의 행동에 앞서 믿음은 성공의 근원이다."

- 그레그 브랜든(Gregg Branden)

내가 살면서 가장 무서워했던 일에 도전한 날은 스쿠버다이빙 자격증을 취득하던 날이었다. 그날 나는 바다 속으로 약 18미터까지 잠수했다.

나는 아홉 살 때까지는 다른 모든 여자아이들처럼 바다에서 수영하고 물장구도 치면서 노는 것을 좋아했다. 그러나 내가 열 살이 되었을 때 모든 것이 바뀌었다. 더 이상 바다에서 노는 것이 흥미롭게 느껴지지 않았고 무섭기까지 했다. 바다는 어떻게든 피해야만 하는 어둡고 위험한 곳이라는 새로운 믿음이 영화 〈죠스〉를 본 후에 생겼다.

그 이후 내 모든 삶의 영화에서 상어를 비롯해서 나에게 피해를 줄 수 있는 바닷속의 모든 생명체에 겁을 먹었다. 5분 이상 물에 있는 것은 상상할 수도 없었다. 수년 전 나와 전남편은 예쁜 요트를 갖고 있었다. 그런데 친구들과 바다로 나가서 놀 때면 나만 스노클링을 하지 못했다. 입에 스노클을 물고 있을 때마다 웃긴 상황이 발생했다. 나는 보트 위에서 고작 몇 분 잠수하는 동안 상어가 오는지 봐달라고 내 친구 중 두 명에게 부탁하곤 했다. 만약 그들이 상어를 보게 된다면 나를 향해 손을 흔들기로 했다. 물론 그런 일은 단 한 번도 일어나지 않았다.

나는 스쿠버다이빙 자격증에 도전함으로써 내 삶의 가장 큰 공포에 맞서려고 했다. 물론 꽤 오랜 시간 물 안에 있어야 한다는 것이 자명했기에 도움이 필요할 것이라고 생각했다. 나는 앞에서도 설명했던 '캐릭터의 내적 대화'라고 하는 공포 극복을 위한 연습 도구의 도움을 받기로 했다. 이 것은 내가 워터파크에서 아들과 있었을 때 개발한 것으로 그 이후 더욱 발전시켰다.

물에 들어가기 전에 나는 머릿속에 가상의 감독을 대기시켰다. 그녀는 나에게 '카메라, 액션!'이라고 말했다. 나는 바다를 무서워하는 여자가 아니라, 이제 두려움을 모르고 모험을 즐기는 영화 속 캐릭터가 된 것이었다. 이제 바다가 신비스럽고 아름다운 보호 구역이라고 믿는 캐릭터였다. 이러한 새로운 믿음을 인식하는 것을 돕기 위해서 나는 수지 채닝Suzy Channing이라는 캐릭터를 연기하고 있다고 각인시켰다.

수지가 된 나는 세계 최고 수준의 스쿠버 다이버였다. 나는 우아하게 호흡기를 입에 물고 바닷속 60피트까지 잠수하기 시작했다. 수지는 이러한 일을 지겨울 만큼 해봤으니 전혀 어려운 일이 아니었다.

머릿속에 떠도는 쓸데없는 부정적인 소리들은 이제 완전히 사라졌다. 사실 영화 스태프 중 한 사람에게 그 시끄러운 소리를 내는 입을 테이프로 모두 막아서 더 이상 부정적으로 나를 귀찮게 하거나 맥 빠지지 않게 해달라고 했다. 다행히 더 이상 〈죠스〉의 테마송이 들리지 않았다. 이제 조용한 세트가 모두 준비됐다.

내 머릿속에서 수지와 '내적 대화'를 시작했다. 이것은 내가 배우로 활동할 때 사용하던 것과 같은 방법이었다. 나는 단지 내 캐릭터의 대사만을 읽는 것이 아니라 그 상황에서 그녀가 생각할 만한 것들을 생각한다. 내가 세계 최고 수준의 스쿠버다이버라면 이 상황에서 다음과 같이 생각할 것이라고 믿고 조용히 말하기 시작했다.

"호주의 그레이트 베리어 리프에서 백상어와 수영을 했을 때만큼이나 짜릿하고 놀랍다. 내 삶이 정말 좋다. 그리고 다이빙은 내가 가장 좋아하는 것이고 이 물속 세상은 정말 숨이 멎을 만큼 아름답다!"

그리고 어느 순간 그 방법이 적절하게 작동됐다. 모든 것을 두려움 없이 생각하는 대로 믿기 시작했다.

나는 여전히 수지라는 캐릭터로 바다의 바닥에 있었고 다이빙 교관은 첫 번째 테스트를 진행하라고 손짓했다. 그 첫 번째 테스트는 마스크와 레귤레이터(나의 유일한 산소 공급원)를 벗고 다시 마스크를 착용한 후에 대체 산소 공급원을 이용하는 것이었다. 이것은 안전을 위해 하루 전날 수영장에서 연습했던 기술이었다. 하지만 지금은 실제 상황이다. 만약 내가 실수한다면 그대로 익사할 수도 있었다.

그래도 전혀 부담이 없었다. 수지는 이미 경험이 있었다. 내 머릿속의 감독에게 다시 큐 사인을 주었다. '카메라 준비. 액션!' 수지가 된 나는 전혀 무리 없이 마스크를 벗고 레귤레이터를 벗었다. 그리고 다시 마스크를 쓰고 다른 산소 공급원을 입에 물었다. 교관을 바라보았다. 교관이 놀란 듯했다. 물론 나도 놀랐다. 그 이후 여덟 개의 테스트를 더 진행한 후에 물 밖으로 나왔다.

배에서 올라왔을 때 모두 내게 박수를 쳐주었다. 내가 해냈다. 선장은 스쿠버 슈트를 입고 엄지손가락을 치켜들고 있는 내 모습을 사진으로 찍어 페이스북에 올렸다. 내 친구들과 가족은 나에게 자랑스럽다고 말해주었다. 스스로 한계라고 생각하고 그 아름다운 바닷속을 평생 볼 수 없게 만들 뻔했던 내 믿음을 이겨낸 자신에게 칭찬해주었다.

쓸데없이 시끄러운 위원회의 탄생

어떻게 자기 제한적인 부정적 믿음이 생겨난 걸까? 능력이 있는 최면술사는 한 그룹 전체를 마치 본인들이 닭인 것으로 착각하도록 만들 수 있다. 마치 닭장 속에 있는 닭들처럼 걸어 다니고 꼬꼬댁거리며 울게 만들 수도 있다. 최면술사는 대상의 잠재의식 속에 믿음을 심어두는 것이다. 대상이 그렇지 않음에도 스스로 닭이라고 믿게 되는 것이다. 그들은 그 믿음에 근거해서 움직이도록 설정된 것이었다. 바다와 상어에 대한 내 믿음의 체계는 똑같은 모습을 갖고 있었다. 바다에 들어가면 상어에게 먹힐 수도 있다는 두려움이 각인되어 물 근처에 갈 때면 언제나 무서웠다. 이렇듯 우리의 부정적이고 자기 제한적인 믿음의 체계는 오래 전부터 잠재의식 속에 깊게 자리 잡고 있다.

불행히도 우리의 문화는 정확하지 않은 것들을 그런 잠재의식에 새겨 놓곤 했다. 우리가 깊은 곳까지 파고들어 진실이 무엇인지 알 때까지 우리는 우리에게 각인된 것을 믿게 된다.

어떤 믿음을 당신의 부모님, 선생님, 그리고 동료들이 당신의 잠재의식 속에 심어두었을까? 누가 당신이 능력도 없고, 현명하지 않고, 예쁘지 않다고 했는가? 스스로에 대해서 어떤 잘못된 것들을 당신은 믿고 있는가? 잠시 당신의 부정적인 소리들에 귀를 기울여보자. 그것들이 바로 당신의 한계성에 대해서 떠들어대는 것들이다. 그것들이 머릿속의 '쓸데없이 시끄러운 위원회'다.

그 위원회의 말들은 다 틀렸다. 그 소리들을 드러내 멈추게 하고 당신의 직관에서 오는 진실한 소리, 즉 당신은 당신이 추구하는 삶의 영화에서 어떠한 것도 이루어낼 수 있다는 믿음의 소리로 대체해야 한다. 그 위원회는 태어날 때부터 그곳에 있지는 않았다.

잠시 초등학교 입학 전이나 유치원 시절에 대해서 떠올려보자. 당신은 언제나 크게 웃고 당신이 좋아하는 보라색 물방울무늬 바지를 입었을 것이다. 하루 종일 생각과 감정을 잘 표현했고 크게 노래를 부르고 손으로 그림을 그렸을 것이다. 그때는 당신이 누구인지에 대한 진실한 본질을 막는 소리는 아무것도 없었다. 오로지 현명함의 직감적인 소리만 있었고 당신이 얼마나 뛰어난 존재인지에 대해서 반복적으로 이야기하는 소리만 있었다. 그러다 나이가 들면서 조금씩 변화가 생기기 시작했다.

어느 날 사람들은 당신의 보라색 물방울무늬 바지를 보고 웃으면서 이상하다고 놀렸을 것이다. 혹은 차에서 가장 좋아하는 노래를 부르고 있는데 엄마나 아빠가 "그만 좀 꽥꽥거려!"라며 소리를 쳤을 수도 있고, 어쩌면 완전히 푹 빠져서 자유분방하게 그림을 그리고 있었는데 선생님이 누구나 예술가가 될 수는 없으니 운동을 하는 것은 어떻겠냐고 했을 수도 있다.

그러한 상황들이 머릿속에서 당신을 평가하고 계속 부정적인 소리를 만들어내는 위원회를 탄생시킨다. 당신은 그 목소리가 당신 자신의 목소리라고 생각하고 있을 수도 있다. 그 위원회가 처음 영화의 한 장면에 나왔을 때 마치 내 친구들인 양 가장하고 있었을 것이다. 아침에 좋아하는 보라색 물방울무늬 바지를 입으려 했을 때 그 위원회 중 한 명이 조용히 "아냐, 그 바지 입지 마. 사람들이 다들 이상하다고 놀리잖아"라고 이야기했을 것이다.

합창을 하면서 큰 소리로 노래를 부르고 싶었을 때 또 다른 한 명이 "쉿, 아무도 못 듣게 조용히 불러야지. 너 노래할 때 목소리가 얼마나 듣기 싫은데!"라며 말렸을 것이다.

그렇게 계속해서 그 위원회는 당신이 스스로를 느끼고 위험을 무릅쓰고 도전해서 기분이 좋아질 수 있는 것들로부터 서서히 당신을 차단한다. 그 위원회는 당신의 뛰어난 아이디어와 영감이 눌리는 것을 즐겼다. 당신이 성장함에 따라서 그 위원회의 소리는 마치 당신인 척하기 시작했고 당신은 스스로의 현명한 시야를 잃어버렸다.

지금 당신이 해야 할 것은 그 위원회를 찾아내고 당신 안에 그러한 부정적 믿음이 각인되어 있음을 이해하고 긍정적으로 재구성하는 것이다. 내가 스쿠버다이빙을 못 하고 있었던 것처럼 무엇이 당신을 가로막고 있는지 찾아내야 한다. 그것이 우리가 만들려고 하는 꿈의 영화를 성공시키기 위해 반드시 거쳐야 할 과정이다.

어떻게 부정적인 믿음의 체계를 재구성하는가?

우리 스스로를 어떻게 다시 구성할 수 있을까? 어떻게 우리는 사랑스럽지 않다는 소리를 듣고 다시 자신을 사랑할 수 있을까? 우리 각자가 세계의 강력한 창조자라는 것을, 우리가 옳다고 해온 것이 최선이 아니라고 말해주는 쪽지를 어디에서 찾을 수 있을까? 그리고 계속해서 '넌 절대 성공 못 할걸?'이라고 말하는 부정적인 생각을 어떻게 멈출 수 있을까?

앞으로 나아가기 위해서는 우리 자신을 다시 프로그래밍해야 한다. 믿음의 체계와 우리의 의도는 서로 잘 정렬되어야 한다. 그렇게 하지 않으면 우리는 긍정적인 생각을 부정적인 믿음의 바탕으로 보내게 된다. 결과적으로 근원에게 명확하지 않은 신호를 보내고 모든 노력을 물거품으로 만들게 될 것이다.

만약 근원이 명확한 메시지를 받지 못한다면 우리는 어떠한 것도 현실화할 수 없다. 만약 당신의 의도가 '나는 숲에 있는 아름다운 집에서 살고 있다'이면서 다음 생각은 '절대로 그렇게 되지 않을 거야'라고 믿는다면 당신의 의도와 믿음은 정렬되지 않을 것이다. 당신의 성공에 대한 믿음은 그래서 다시 구성되어야 한다.

그렇게 시작하기 위해서 당신은 당신의 쓸데없이 시끄러운 위원회를 들여다보고 그 소리가 어디서부터 시작되는지 찾아내야 한다.

내 학생인 도나는 그녀의 믿음의 체계를 제한하는 것을 찾기 위해서 호기심을 이용했다. 어느 날 그녀는 지난 25년간 일했던, 보수도 후한 부동산업자라는 직업을 그만두려 한다고 말했다.

"이 과정을 하고 나니 이제 알 것 같아요. 나는 내 삶의 목적을 위해서 살아온 것 같지 않아요."

그녀는 매우 조용하게 말했다. 자기 삶의 진실한 사랑은 '사진'이라고 했다. 그녀는 자신의 창조성을 전혀 사용할 수 없는 분야에서 일하고 있었다. 마흔아홉이 되었을 때 그녀는 전혀 관심 없는 일을 하느라 자신의 재능과 기술을 소비하고 있다고 느꼈다. 나는 그녀에게 사진을 보여줄 수 있느냐고 했다. 그녀가 내 수업을 들었을 때 만들었던 자신의 홈페이지를 보여주었다. 놀라서 입이 다물어지지 않았다. 사진은 감동적이고 놀라울 만큼 영감이 있을 뿐 아니라 홈페이지 자체도 정말 아름다운 색깔에 환상적인 슬라이드 쇼로 장식되어 있었다.

꿈의 제작자로서 내 일의 일부는 고객들을 위한 웹사이트를 만들어주는 것도 포함되어 있었다. 그 말인즉 어지간해서는 놀라지 않는다는 뜻이다. 하지만 그녀의 홈페이지를 보았을 때 나는 깜짝 놀랄 수밖에 없었다. 그녀의 작품에 감탄했다는 것을 이야기하고 나서 그녀에게 누가 그 웹사이트의 그래픽 작업을 했는지 물었다. 그녀는 스스로 모든 것을 했다고 말했다. 그녀의 창조성은 상상 그 이상이었다.

그때 나는 도나에게 충분한 재능이 있다고 확신했고, 웹디자인과 사진 분야에서 크게 성공할 것이라고 자신했다. 그녀의 눈을 바라보며 말했다.

"그래서 뭐가 문을 박차고 나가는 것을 막고 있어요?"

그녀는 "쓸데없이 시끄러운 위원회"라고 대답했다. 웃으며 물었다.

"뭐라고 말하나요?"

그녀가 웃으며 "알고 싶지 않을 거예요"라고 말했고 나는 알고 싶다고 했다.

"그들은 내게 '너는 재능도 없고 제대로 된 조명도 사용할 줄 모르는 그저 평범한 사진가에 불과해. 너는 절대로 생활할 수 있을 만큼 사진으로 수입을 만들지 못할 거야. 네가 지금 떠나면 남은 삶에서 계속 후회하게 될 거야. 왜냐면 경쟁이 심한 사진 분야에 발을 들여놓을 만큼 뛰어나지 않아'라고 말해요."

나는 끄덕였다. '쓸데없이 시끄러운 위원회'의 말이 틀림없었다. 그리고 내가 물었다.

"그 메시지가 어디서 오는 것 같아요? 그러한 말을 과거에 누가 했었나요?"

그녀는 망설임 없이 "어머니요"라고 말했다.

"엄마는 언제나 나에게 창의적이지 않다고 했어요. 언제나 오빠를 애지중지하고 그의 작품에 대해서만 칭찬했어요. 내가 뭔가 예술적인 것을 시도할 때면 언제나 이렇게 말했죠."

"잘했어 애야. 하지만 우리 가족 중에는 오빠가 가장 창의성을 갖고 있단다."

나는 "마치 당신 어머니께서는 그 위원회 중의 한 자리에 앉아 계시는 것 같네요"라고 말했다.

그녀가 웃으며 말했다.

"사실 우리 어머니가 그 위원회를 운영하는 것 같은데요."

나는 조심스레 "그녀의 말에 동의하세요?"라고 물었다.

그녀가 대답했다.

"아니요. 나는 꽤 재능이 있다고 생각해요. 하지만 한 번도 그 위원회에 누가 있는지 생각하고 호기심을 갖고 보지 않았어요. 지금까지 그러한 부정적인 소리를 누가 말하고 있는지 생각해보지 않았어요."

모든 것이 밝아졌다. 그녀가 지금 바로 그 마법의 단어를 말했다. 그러한 쓸데없는 판단에 대한 최고의 해독제는 호기심이다.

우리가 우리를 두드리는 부정적인 소리에 대해서 질문하기 시작하면 갑자기 그것들은 조용해진다. 우리의 내적 대화가 심오한 방법으로 바뀐다. 이 소리가 들려오는 곳을 찾는 것만으로도 우리는 그 소리를 꺼버릴 수 있는 스위치를 갖게 되는 것이다. 결과적으로 그것들은 모두 다른 사람들의 판단이지 우리의 판단이 아니다. 그것들은 진실이 아니기 때문에 우리는 그것들과 함께 있거나 믿어야 할 이유가 없다. 다른 사람들의 믿음일 뿐이다.

양자물리학에 대해 배우기 전에 나는 내가 근원의 일부라는 것을 이해하지 못했다. 결과적으로 나는 이러한 강한 에너지장과 대화를 할 만한 힘을 갖지 못했었다. 내가 '엉망진창'이라는 영화의 주인공일 때, 나는 내가 생각하고 믿고 느끼는 모든 것들이 내 현실을 만들어낸다는 것을 몰랐다. 양자물리학은 나의 모든 것을 바꾸어놓았다.

린 맥타가트의 『장 안에서의 삶 Living the Field』과 그레그 브레든의 『성스러운 매트릭스The Divine Matrix」를 앞에서 언급했었다. 이 두 책은 양자역학을 이해하기 쉽게 설명해주었고 놀랍도록 새로운 세상에 대해 환상적으로 설명하고 있다.

위원회를 만나기 위한 연습

위원회를 만나기 위해서는 종이와 연필 그리고 색연필(혹은 형광펜 등)이 필요하다.

1. 당신의 머릿속에 있는 쓸데없이 시끄러운 부정적인 소리들을 떠올려보자. 아마도 그것은 당신의 건강에 관한 것일 수도 있고 의지의 부족함에 관한 것일 수도 있다. 그리고 성공하지 못하고 있는 당신의 경력에 관한 것일 수도 있다. 그러한 부정적인 소리를 진실이라고 수용하는 많은 사람들은 능력이 부족하다고 생각하거나 사랑하는 사람을 만나지 못할 것이라는 등의 걱정을 갖고 있다. 혹은 새로운 것을 시도하기에는 너무 나이가 많다는 생각 등을 갖고 있을 것이다. 또 다른 소리들은 뚱뚱하다, 교육 수준이 부족하다 또는 꿈을 연습할 만큼 창의적이지 못하다는 것들도 있다. 이제 당신의 삶에 부정적인 것들을 갖고 오는 세 명의 캐릭터를 떠올려보자.

2. 위원회의 위원들을 그려보자.(그 위원들은 그림 그리는 것을 방해할 것이다. 이겨내자)

3. 그 세 명의 이름을 적어두자. 아무것이나 당신의 머릿속에 떠오르는

이름 세 가지를 적으면 된다.

4. 각 위원의 머리 위에 있는 말풍선으로 그들이 말하는 것들 중 한 가지씩을 적어보자.

다음과 같은 나의 예시들이 있다.

《뉴욕타임스》 비평가 : 아무도 당신 책을 읽지 않을 거야! 이미 다른 사람들이 말한 것들과 뭐가 다르지? 새로운 것을 말하는 것이 없잖아. 바보가 되기 전에 포기해!

완벽주의자 : 아직 살을 10파운드 더 빼야 해. 입 주변에 잔주름이 생기잖아. 가슴을 잘 올려주는 브래지어를 입기 전에는 집 밖으로 나갈 생각하지 마!

까칠한 낸시 : 부족함이 너무 많아. 키도 작고 뚱뚱하고, 똑똑하지도 않고, 창조적이지도 않고, 집중력도 부족하고, 돈도 없고, 너무 불균형적이잖아!

이제 한 주 동안 그 그림들을 언제나 볼 수 있는 곳에 걸어두자. 그림들은 당신이 위원회가 말하는 것들을 상기시키고 관찰할 수 있도록 해줄 것이다.

이 기간 동안 그들이 말하는 것을 바라보자. 새로운 것을 시도하려고 할 때 어떻게 자신감을 상실시키는지 그리고 어떻게 앞을 가로막는지 적어두자. 불쾌한 조언들이 떠오를 때면 이름을 불러서 이야기를 하자.

그들의 이야기를 아무도 듣지 않을 것이라고 말하자. 그리고 그 쓸데없는 조언들을 용기를 북돋워 주는 것들로 바꿔보자.

이러한 위원회를 마주하는 것이 편해진다는 것은 그들이 당신의 목소리가 아니라는 것을 깨닫게 된다는 것이다. 그러면 그들의 힘을 무력화할 수 있다.

그 부정적인 소리가 진실한 본인의 소리가 아니고 다른 사람들이 심어 둔 소리라는 것을 인식하면 당신의 믿음을 재구성할 수 있다. 당신은 당신의 의도와 소리들을 정렬시키고 당신만의 영화를 만들 수 있다.

믿음 그리고 사실

사실은 검증이 가능한 실제 있었던 진실이다. 믿음은 어떤 사실이나 사람을 믿는 마음으로 믿는 사람이 진실이라고 결정한 것이다. 믿음은 검증이 가능할 수도 아닐 수도 있다. 하지만 둘 다 진실이라는 것은 변함이 없는 '사실'이다. 당신은 언제든 무엇을 믿을지 결정할 수 있다.

얼마나 오랫동안 당신이 부정적인 믿음을 갖고 있고 어디서 그 믿음이 발생되었는지는 상관없다. 당신은 새로운 믿음을 언제든지 새롭게 선택할 수 있다. 내가 솔로일 때 나는 사귀는 사람이 없었다. 이것은 쉽게 검증되는 사실이다. 발리에서 수행하고 있을 때 나는 로맨틱한 파트너를 찾고 싶다는 생각을 했다. 그 소망을 현실화하기 위해서 내가 원하는 새로운 사랑을 찾기 위한 믿음의 체계를 적용해야 했다.

내가 다시 데이트를 시작하면서 나는 많은 솔로 여성들이 갖고 있는 믿음의 체계에 주목했다. 그들이 말하는 것들은 대체로 "좋은 남자가 없어" 또는 "남자들은 20살 여자아이들과 데이트하고 싶어 해"라는 불평이었다. 그들은 그렇게 생각하고 믿고 느낌으로써 근원이 그들에게 응답하는 근거를 제공했다. 그것이 그들의 삶에서 일어나는 일들이 되었다. 그들의 부정적인 기대로 그들 앞에는 그들이 만날 수 없을 것이라고 믿는 남자들만 가득하게 됐다.

나는 그들과는 다른 믿음의 체계를 골라 더욱 긍정적인 생각을 했다.

'나와 잘 맞는 남자는 내 주위에 아직도 엄청나게 많고 내 운명의 파트너가 가까이 다가오고 있어.'

부정적인 믿음을 갖고 있던 내 친구는 여전히 솔로이다. 하지만 새로운 긍정적인 믿음을 갖은 지 30일 만에 나는 완벽한 남자를 만났다.

여기 몇 가지 사실과 우리가 바꾸거나 영구화할 수 있는 부정적이거나 긍정적인 믿음의 체계에 대한 예시가 있다.

사실	부정적인 믿음	긍정적인 믿음
나는 솔로다.	내가 사랑스럽지 않기 때문이다.	내 운명의 파트너가 다가오고 있다!
나는 450달러가 있다.	나는 실패자다.	나는 부유해질 수 있다!
나는 내 일이 만족스럽지 않다.	내 일이 싫다.	나는 내 꿈의 직업을 찾을 것이다!

당신의 '쓸데없이 시끄러운 위원회'는 계속 부정적인 믿음을 전달한다. 당신이 해야 할 것은 그 소리를 긍정적인 소리로 바꾸는 것이다.

부정적인 믿음을 긍정적인 믿음으로 바꾸기

당신의 부정적인 믿음을 버리는 다양한 방법들이 있다. 최면을 걸거나, 상담을 받거나 긍정적인 명언을 읽거나 확언Affirmation을 하는 등으로 긍정적인 결과에 집중할 수 있다. 그중에서 긍정의 확언은 내가 아는 가장 좋은 방법이다. 당신의 부정적인 생각의 패턴을 긍정적으로 바꿀 수 있는 가장 좋은 방법이기도 하다.

우리는 믿음의 체계를 우리를 방해하는 것이 아닌 도와주는 것으로 바꾸어야 한다. 이것이 당신의 새로운 삶의 영화를 만들기 위한 필수적인 과정이다. 명상이나 현실화 루틴 중에 긍정적인 문장을 읽는 것은 당신에게 필요 없는 부정적인 생각들을 버리게 해줄 것이다. 그리고 끌어당김의 법칙과 함께할 수 있도록 해줄 것이다. 끌어당김의 법칙이 당신이 원하는 바를 이루게 하려면 당신은 당신의 의도를 믿어야 한다.

특히 정신적·신체적·성적 학대를 경험한 사람들은 심각한 부정적인 믿음을 갖고 있다. 이러한 사람들은 매일 긍정의 문장을 여러 번 반복하는 것이 필요하다. 또한 상담이나 마사지 등을 통해서 트라우마로 만들어진 강력한 위원회의 소리를 이겨낼 필요가 있다.

당신의 긍정적인 문장이 긍정적인 확신으로 작용할 때 확실히 알 수 있을 것이다. 훨씬 더 개방적이고 편하고 자신감 있는 당신을 보게 될 것이

다. 그리고 당신의 의도가 현실화되고 크게 소리치던 쓸데없이 시끄러운
위원회의 소리가 작은 속삭임으로 변하기 시작할 것이다.

매일의 긍정적인 확신 연습 : 여섯 개의 긍정 문장 만들기

1. 다음에 주어진 긍정의 문장 중에서 여섯 개를 고르거나 본인의 것을
   만들자.
2. 의도를 적은 것과 같이 새로운 카드에 각각 하나의 긍정의 문장을
   적자.
3. 다른 다섯 가지의 문장들도 이와 같은 과정을 반복하자.

번영과 풍족함을 위한 긍정의 문장

❋ 나는 언제나 다른 사람들과 나눌 수 있을 만큼 풍족하다.

❋ 나는 번영과 풍족함이 쏟아져 들어올 수 있는 문을 열었다.

❋ 전 우주는 언제나 나와 함께하고 나를 축복해서 놀라게 한다.

❋ 내가 제안하는 것을 필요로 하는 사람들에게 나는 둘러싸여 있다.

❋ 내가 어디를 가든 나에게는 힘과 목적과 번영이 넘쳐흐른다.

❋ 나는 기회와 성공의 자석이다.

❋ 내 직감은 나에게 기회를 만들어준다.

❋ 나는 매 순간 감추어진 가능성을 깨달을 수 있다.

❋ 돈은 나에게 편하게 흘러들어 온다.

❋ 내 수입은 계속 증가한다.

건강과 신체를 위한 긍정의 문장

❋ 나의 건강과 웰빙은 가장 중요한 것이다.

❋ 내 몸의 모든 세포는 에너지와 빛으로 빛나고 있다.

❋ 내가 느끼는 방법을 사랑한다.

❋ 내 단점은 자기애와 자기 수용으로 바뀐다.

❋ 나는 내 몸, 건강, 그리고 독특성을 존경한다.

❋ 나는 고통과 아픔에서 자유롭다.

❋ 나는 명상을 하고 내 몸의 소리를 듣는 시간을 갖는다.

❋ 나는 균형 잡혀 있고 건강하고 온전하다고 느낀다.

❋ 나는 끊임없는 에너지와 생동감을 갖고 있다.

❋ 나는 내 신체의 강인함을 자랑스러워한다.

자신감과 자기 믿음을 위한 긍정의 문장

❋ 나는 내 믿음을 바꾸어 내 삶을 바꾼다.

❋ 내 의지는 어떠한 나쁜 습관보다 강력하다.

❋ 공포는 일시적 느낌일 뿐이다.

❋ 나는 시도할 수 있는 의지가 있고 성공할 것이다.

❋ 나는 성공하기 위해서 실패할 자신이 있다.

❋ 나는 나 스스로를 좋아하고 자신감이 넘친다.

❋ 나는 내 세상을 만들어낼 힘이 있다고 믿는다.

❋ 나는 똑똑하고 다른 사람들과 교류하기 위한 중요한 것을 갖고 있다.

❋ 나는 내 생활에 편안함을 느낀다.

✽ 나는 어떤 것이든 할 수 있는 힘이 있다는 것을 안다.

✽ 나는 재능이 넘치고 무엇을 하든 잘할 수 있다.

✽ 나는 사람들을 좋아하고 사람들도 나를 좋아한다.

삶의 목적을 위한 긍정의 문장

✽ 나 스스로를 더 잘 알수록 내 삶의 목적이 분명해진다.

✽ 무엇이 가능한지에 대한 나의 자각만이 나를 제한할 수 있다.

✽ 다른 사람들의 삶을 바꿀 수 있는 위대한 일을 할 수 있다.

✽ 나를 잡아끄는 일을 할 때 나는 내 삶의 목적에서 살게 된다.

✽ 나는 나의 타고난 재능을 알고 능력을 안다.

✽ 나는 내가 누구인지에 대해서 충분히 표현하고 있다.

✽ 나는 내가 누구인지를 알게 됨으로써 다른 사람들의 삶에 변화를
줄 수 있다.

✽ 나는 내 지식을 다른 사람들과 나누고 내가 누구인지에 대한 대화
를 통해서 내 삶의 목적을 표현할 수 있다.

✽ 나는 내가 사랑하는 것을 하고 내가 하는 것을 사랑한다.

✽ 나는 내 타고난 재능과 능력을 사용할 때 풍부함을 창조하고 다른
사람들과 나눈다.

사랑을 위한 긍정의 문장

✽ 나는 순수한 사랑의 존재이다.

✽ 나는 나의 모습 그대로를 받아들이고 사랑한다.

❊ 나는 사랑받을 자격이 있다.

❊ 나는 건강하고 의식 있는 사랑과 우정, 그리고 풍요로움이 평등하게 흐르는 관계를 맺고 있다.

❊ 사랑을 표현하는 것은 쉬울 뿐 아니라 사람들이 내게도 그러하다.

❊ 매일 더 많은 사랑이 내 삶을 채운다.

❊ 조건 없이 다른 사람과 나를 사랑한다.

❊ 매일 모든 관계에서 더 많은 사랑과 행복이 생겨난다.

❊ 나는 침착하고 친절하고 자유롭게 내 사랑을 준다.

❊ 나는 선천적으로 사랑과 재미있는 관계를 끌어당긴다.

명확성을 위한 긍정의 문장

❊ 나는 내 느낌과 직감을 믿는다.

❊ 나는 결과와 분리되어 내 내부의 지침을 따른다.

❊ 나는 더 높은 지혜를 받아들인다.

❊ 나는 내 삶의 목적이 분명하다.

❊ 나는 의식 있는 관계가 어떠한 것인지 분명하게 알고 있다.

❊ 나는 내 삶에서 현실화하고 싶은 것이 무엇인지 알고 있다.

❊ 나는 명상을 하기에 모든 것이 분명하다.

❊ 나는 내 신체, 정신, 그리고 영혼이 완벽한 균형을 이루는 방법을 알고 있다.

❊ 나는 내 삶을 체계화하기 위한 시간을 갖는다.

❊ 나는 내 직감의 소리를 듣고 직감은 나를 잘 인도해준다.

긍정의 연습

이제 연습을 하기 위한 시간을 갖자. 여섯 개의 긍정의 문장을 적은 카드를 꺼내서 쓸데없이 시끄러운 위원회에게 방에서 나가라고 요구하자. 그리고 긍정의 문장을 읽자. 강한 자신감과 확신을 갖고 문장을 읽자(이 연습은 매일 하는 명상과 현실화 루틴에 포함돼야 한다). 긍정적인 믿음의 상태를 갖기 위해 명상 스테이션에 앉아서 조용히 여섯 개의 문장을 읽자. 그리고 각 카드를 큰 소리로 읽자.

긍정의 문장을 읽기 전에 당신의 상태를 말해주는 두 개의 문장을 먼저 말하는 것이 도움이 될 수도 있다. 그 문장은 다음과 같다.

나는 (당신의 이름)이다.
나는 (도시 및 국가)에 살고 있다.

이렇게 사실인 두 문장을 먼저 말하는 것이 이 세션을 확신에 찬 목소리로 시작하는 것을 도와준다. 이 문장을 말한 후에 똑같이 확신에 찬 목소리로 긍정의 문장을 읽자.

만약 확신에 차지 못했다고 생각한다면 당신이 진실이라고 생각하는 부분부터 다시 읽자. 그리고 긍정의 문장과 의도로 돌아오자. 처음 여섯 개의 긍정의 문장으로 당신의 믿음의 체계를 재구성하게 된다면 새로운 여섯 개를 고르자. 당신이 상상할 수 있듯이 이러한 긍정의 문장을 읽는 것은 당신의 의도를 믿을 수 있도록 도와주는 방법이다. 당신의 의도를 읽을 때도 같은 방법으로 해보자.

당신의 '쓸데없이 시끄러운 위원회'는 꽤 오랜 시간 당신을 붙들고 있었을 것이다. 그들이 얼마나 강력하고, 귀찮고, 지속적이고, 용서할 수 없고, 바뀌지도 않고, 수그러들지 않더라도 다 상관없다. 당신은 그들이 절대로 정복하지 못할 것을 갖고 있다. 그것은 바로 당신이 바라는 인생을 살고자 하는 강력한 믿음이다.

• Director's Notes •

- 머릿속에서 긍정적인 내적 대화를 하는 배우의 방법은 당신이 두려움을 정복할 수 있도록 도와 줄 것이다.

- '쓸데없이 시끄러운 위원회'의 부정적인 믿음을 이해할 수 있는 좋은 방법은 호기심이다.

- 위원회의 이름을 적는 것은 당신과 그 위원회를 분리해서 그 목소리가 당신의 목소리가 아님을 알 수 있게 하는 좋은 방법이다.

- 긍정의 문장은 당신의 제한적인 믿음의 체계를 재구성하도록 도와주는 방법이다.

Soul-work : 둘째 주

앞으로 일주일간 다음의 것을 따르자.

- ✽ 당신의 이름을 카드 하나에 적는다(나는 ~이다).
- ✽ 어디서 태어났는지 또 다른 카드에 적자(나는 ~에서 태어났다).
- ✽ 여섯 개의 의도를 각각의 카드에 적자(긍정적인 생각).
- ✽ 긍정의 문장 여섯 개를 의도를 적은 것처럼 카드에 적자(긍정적인 믿음).

삶의 제작자가 되기 위해서는 부정적인 소리와 제한적인 믿음의 체계와 쓸데없이 시끄러운 위원회에 대한 호기심이 있어야 한다. 또한 그것이 어디서 왔는가? 누가 말했었는가? 등 한 주간 그들이 말하는 것들을 떠올리고 조용하게 만들어야 한다는 것을 기억해야 한다. 그리고 다음과 같은 말머리를 이용해서 그 믿음의 체계인 근원을 찾아보자.

- ✽ 돈에 대한 나의 믿음은…….
- ✽ 사랑에 대한 나의 믿음은…….
- ✽ 건강에 대한 나의 믿음은…….
- ✽ 나의 힘에 대한 나의 믿음은…….
- ✽ 나의 목적에 대한 나의 믿음은…….
- ✽ 나 자신에 대한 나의 믿음은…….
- ✽ 성공할 수 있는 능력에 대한 나의 믿음은…….

매일 하나의 시작 말을 이용해서 의식의 흐름 기법을 사용한 일기를 5분간 쓰자.

둘째 주 : 매일 명상 및 현실화 루틴

다음은 둘째 주의 명상 및 현실화 루틴이다. 명상을 위해서 자리에 앉아서 허리를 세우자. 누군가가 읽어줘도 되고, 녹음을 해두어도 되고, 혹은 내 홈페이지에서 무료로 다운받을 수도 있다.

현재의 순간으로 돌아오고 균형, 명확함, 그리고 집중을 할 수 있는 상태를 이루기 위해서 오감 체크인 훈련에서 시작하세요.

우선 시각을 떠올리세요. 방 주변을 돌아보세요. 색깔과 질감을 바라보세요. 천천히 물체 하나하나를 바라보세요. 과거나 미래의 생각이 떠오른다면 다음 물체를 바라보세요.

방 안에 있는 것 중에 한 번도 보지 못한 것이 있는지 둘러보세요. 무엇이 보이나요?

이제 눈을 감고 냄새에 집중을 하세요. 숨을 깊게 들이쉬세요. 방 안의 냄새가 어떠한가요? 요리를 한 냄새일 수도 있고 초의 향일 수도 있고 열려 있는 창을 통해 들어오는 냄새일 수도 있어요.

다음은 소리를 들어보세요. 방에서는 어떤 소리가 나는지 들어보세요. 이제 방 밖에서 들려오는 소리들을 들어보세요. 오른쪽 귀로만 들어보세요, 왼쪽 귀로만 들어보세요.

이제 촉감을 느껴보세요. 바닥에 닿아 있는 발은 어떤 느낌인가요. 지금 입고 있는 옷과 볼에서 느껴지는 공기는 어떤지 느껴보세요.

마지막으로 미각에 집중하세요. 부드럽게 혀를 입천장에서 움직여보세요. 그리고 침을 삼켜보세요. 눈을 뜨고 방으로 돌아오세요. 이곳에 있도록 하세요.

다음은 매일의 루틴 중 현실화 단계를 할 것입니다.

여섯 개의 긍정의 문장 카드와 여섯 개의 의도 카드를 준비하세요. 긍정의 문장 카드부터 시작합니다. 각각의 카드를 소리 내어 읽거나 조용히 읽으세요. 읽는 동안 마음을 돋우면서 자신감과 깨달음을 스스로 불어넣으세요. 그리고 같은 방법으로 의도를 진행하세요. 역시 크게 읽거나 조용히 읽어도 됩니다. 각각의 카드를 읽으면서 다시 한 번 마음을 돋우면서 자신감과 깨달음을 스스로 불어넣으세요.

이제 되었습니다. 당신의 모든 의도는 준비되었습니다.

세 번의 깊은 심호흡과 함께 명상을 시작하세요. 허리를 세우고 손을 편안하게 허벅지에 올려두세요. 우선 호흡을 내쉬고 들이쉬는 것에 집중하세요.

호흡이 들어올 때 편하게 느끼세요. 좋거나 나쁨을 생각하지 마세요. 그냥 '생각'이라고 스스로 말하세요. 그리고 다시 호흡에 집중하세요.

명상을 하면서 만트라를 사용할 수도 있습니다. 호흡을 들이쉬면서 '흡입'이라고 조용히 말하고 내쉴 때는 '발산'이라고 하세요. 혹은 들이쉴 때는 '들숨', 내쉴 때는 '날숨'이라고 해도 됩니다.

(조용히 앉아서 10분간 명상을 합니다.)

이제 매일의 명상과 현실화 루틴이 끝났습니다.

Date
셋째 주
인생의
제작자가 되는 법(2)

셋째 주 준비물

✓ 완성된 여섯 개의 의도 카드

✓ 몇 장의 종이와 펜

현실화하기

"우리는 현실을 위해서 사는 것이 아니라 우리가 어떤 모습이기를
바라는 꿈을 좇으며 살고 있습니다.
꿈이 없는 삶은 죽은 것과 같습니다.
오직 꿈만이 우리를 계속 앞으로 나아갈 수 있도록 해줍니다."
 - 마이클 셔트리프(Michael Shurtleff)

중학교 시절, 나의 가장 친한 친구인 에이미와 나는 사랑 노래를 들으면서 사랑을 상상하며 뮤직비디오를 만들곤 했었다. 남자아이들과의 데이트를 상상하고 그에 어울릴 만한 노래를 삽입했었다. 모든 것이 전부 이루어지지는 않았지만 그것이 내 연습의 시작이었다.

처음에는 10대 시절의 습관으로 명상 중에 음악으로 행복함을 더하고 있었다는 것을 깨닫지 못했었다. 또한 내 상상 속의 삶과 감정적 동기화를 위해서 연기의 기술을 사용하고 있었다는 것을 깨닫지도 못했다. 그렇게 무의식중의 행동으로 근원과 소통하고 있었다.

어느 날 '기초 현실화 과정' 워크숍 후에 내 학생인 쟈네트Jeanette가 찾아왔다. 쟈네트는 우리의 목표와 함께 의도된 생각과 믿고 느끼는 것이 근원과 소통하는 데에 중요하다는 것을 알고는 있었지만 여전히 문제점을 안고 있었다.

그녀는 말했다.

"젠 나는 지금까지 배운 것들을 모두 연습하고 있어요. 일기도 쓰고 명상을 하고 의도 카드도 보고 매일 긍정의 확언을 다시 읽어요. 하지만 내가 의도하는 것을 어떻게 '느낄 수 있는지' 잘 모르겠어요. 뭔가 좋은 방법이 있나요? 분명히 당신에게 맞는 방법이 있을 텐데 한 가지만 알려주세요. 말해주지 않은 무엇인가가 뭐예요?"

정말로 특별한 방법이 있는지 모르겠지만 나 스스로를 돌아보고 무엇인가 찾게 되면 알려주겠다고 약속했다.

다음 날 아침 불안감을 느끼며 일어났다. 어쩌면 전날 저녁 회계사가 알려준 미납된 세금 때문이었을 수도 있었다. 자영업을 시작한 후 수입과 지출이 딱 맞아떨어지는 상황이었기 때문에 이런 좋지 않은 뉴스에 대처하기가 쉽지 않았다. 약간 공황 상태였다.

현실화나 명상을 하고 싶은 마음이 가셨다. 초조했다. 긍정적인 의도를 적어둔 카드를 돌아볼 상황이 아니라고 생각됐다. 내가 하고 싶었던 것은 오직 부루퉁해서 마음 상해 있는 것뿐이었다.

그때 갑자기 전 극장 감독인 킴 레온Kim St. Leon이 말하는 소리가 들렸다.

"애야, 쓸데없는 소리들은 접어서 선반에 처박아두어라. 모든 게 끝나더라도 그것들은 거기에 있을 거야. 그러니 우리의 쇼는 계속 되어야 한다."

다양한 연기를 하면서 나에게 도움이 되었던 조언이었다. 그래서 나는 명상 스테이션에 앉아서 나의 카드들을 집어 들었다.

첫 번째 카드는 '내가 사랑하는 일을 할 때면 끊임없는 풍요로움에 행복함을 느낀다'였다. 큰 소리로 읽었지만 내 목소리는 도저히 행복함을 느끼는 것 같지 않았다. 마음 깊은 곳에서는 계속 '세금 고지서를 받아서 저걸 해결하려면 돈을 벌기 위한 일을 해야 할지도 몰라. 어떻게 이 상황이 행복할 수 있냐'며 두려워했다.

"쇼는 계속되어야 한다"는 킴의 소리가 다시 들렸다.

다시 바르게 앉았다. 눈을 감았다가 떴다. 그리고 내 랩톱을 들고 언제나 기분이 좋아지는 음악인 「프리마베라Primavera」를 틀었다. 현실화 세션을 할 때면 내 기분을 바꾸기 위해서 종종 틀던 곡이었다.

눈을 감고 음악을 들었다. 갑자기 오렌지 주스의 광고 배우일 때가 떠올랐다. 그때 어느 날 갑자기 3만 5000달러의 수표를 받고 기뻐했던 적이 있었다. 그 이후에도 내가 정말 기뻐해야 하는 역할을 맡게 되면 그 기억을 떠올리곤 했었다.

그때의 시간을 다시 한 번 떠올리며 눈을 떴다. 내 의도 카드를 다시 읽었다. 이번에는 모든 기쁨이 나를 감싸고 있었다. 더 이상 불안해하거나 걱정하지 않았다. 진실로 기뻤고 자신이 있었다.

다시 눈을 감으며 이 세금 문제에서 나를 해방시켜줄 해답을 떠올리기 시작했다. '자각의 영화'를 막 시작했다. 눈을 감은 눈꺼풀은 영화 화면이었고 내 상상력이 프로젝터였다. 나는 내가 10대에 했던 것처럼 내가 원하는 미래의 모습을 보여주었다. 미래의 나는 감사함과 풍요로움에 가득 차 있었다. 나는 이 흥분이 나를 감싸도록 두었고 내가 본 영화에서의 내 모습에 안도를 느꼈고 행복했다. 뒤로 흐르고 있는 음악과 완벽하게 맞아 떨어졌다. 온몸에 소름이 끼쳐 닭살이 돋았다.

바로 그때 전화벨이 울렸다. 회계사인 그는 내 전남편과 한 이야기를 전해줬다. 그가 몇몇 지출에 대한 내역을 빠트렸기 때문에 결과적으로 내가 세금을 더 내지 않아도 된다고 했다. 게다가 거의 5000달러에 달하는 돈을 돌려받게 될 것이라는 말도 해줬다. 또 한 번 온몸에 소름이 끼쳤다. 생각하지도 못한 놀라운 일이었다.

바로 그때, 내가 학생들과 공유하지 못했던 비밀이 무엇인지 알게 됐다 (물론 그때까지 이게 비밀이라고도 생각하지 못했었다). 나는 무의식중에 연기 방법을 사용하고 있었던 것이다. 그 방법을 통해서 기억 속에 있던 진실한 감정을 찾아낼 수 있었다. 그리고 내가 삶에서 경험하고 싶은 것들에 대한 이야기를 영화 대본을 쓰듯 머릿속에서 쓰고 있었다.

그 즉시 나는 쟈네트에게 전화해서 감사 인사를 전했다. 그녀는 빨리 비밀을 말하라고 재촉했다. 나는 그녀의 재촉에 무엇인가 내가 중요한 것을 찾아냈음을 확신할 수 있었다.

내 안에서 일어난 불꽃은 변화를 위한 강사로서의 내 일에 커다란 새 길을 만들어주는 것이었다. 나는 학생들이 미래의 삶을 현실화하기 위해 필요한 감정에 접근하는 방법을 알려주기 위해서 배우로서 혹은 극작가 로서의 내 경험을 사용했다.

이것이 바로 이 책의 가장 중요한 비밀이다. 거의 모든 현실화에 관련한

자료들이 근원과의 감정적 소통을 중요시하는 반면에 대부분의 책들은 어떻게 그것과 소통할 수 있는지에 대한 설명이 없다. 하지만 나는 이번 연습에서 그 방법을 알려줄 것이다.

'거짓'이 아닌 연기를 해라

나는 플로리다 주에 있는 할리우드 연기 학원The Acting Studio in Hollywood의 교육 프로그램을 통해 배우에게 필요한 것들을 배웠다. 그곳의 뛰어난 연기 선생님들로부터 무수하게 많은 기술을 배웠다. 그중에서 나에게 도움이 되는 방법들은 무대에 있지 않을 때에도 사용하곤 했다. 내가 배운 모든 것들에는 중요한 공통분모가 있었다.

"젠, 지금 연기를 거짓으로 하고 있잖아요. 진실한 연기를 해봐요. 다시 해봐요."

내 선생님인 마이클 조야Michael Joya는 이렇게 말하곤 했다.

거짓이라는 것은 진실함이 없다는 것이다. 그 연기 속 인물의 삶에 대한 진실한 감정이 없다면 그것은 거짓된 연기를 하는 것이다. 그런 것이 느껴질 때면 연기를 멈추고 진실에 접근하는 방법을 사용해야 한다. 쉽지는 않았지만 도움이 됐다.

물론 뛰어난 연기자들은 훨씬 쉽게 할 수 있을 것이다. 그게 그들이 뛰어난 이유다. 메릴 스트립Meryl Steep과 다니엘 데이루이스Daniel Day-Lewis는 연기를 정말 매끄럽게 했다. 종종 그들의 연기와 실제 행동을 구분하기 어려울 때도 있었다. 당신은 그들을 화면에서 보는 대로 믿게 된다. 사실 그들은 인물의 감정을 당신이 느낄 수 있을 만큼 연기를 잘한다.

그들의 매끄러운 연기 뒤에는 엄청난 노력이 숨어 있었다. 배우들은 삶을 공부하고 그들의 감각을 더욱 생동감 있게 하고 인물의 감정에 자신을 집어넣는다.

배우들은 맡은 역할을 준비하기 위해서 '~처럼 연기하기'라고 불리는 방법을 사용한다. 그들은 관객뿐 아니라 자신도 믿을 수 있는 진실한 감정을 떠올린다. 이 과정은 다양한 경험과 다양한 상상력을 필요로 한다. 그러한 연기의 최종적인 목표는 극중 인물의 삶을 감정적으로 느끼고 표현하는 것이다.

이 같은 방법을 현실화에 적용할 수 있다. 그렇게 하기 위해서는 우리는 실제로 일어나지 않았던 일을 믿을 수 있어야 한다. 마치 그렇게 일어났다는 듯이 느껴야만 한다. 배우들이 사용한 방법과 같은 방법으로 아직 일어나지도 않은 일을 일어난 것처럼 믿는 것이다. '마치 ~처럼 진실한 연기Authentically Acting as if'라는 과정을 통해서 네 개의 연습 방법을 사용하고 우리도 역시 이러한 방법을 자신의 연습에 적용할 수 있다.

만약 슬프고 초조하고 우울하다고 느껴질 때는 기쁨, 사랑, 풍요와 같은 감정에 접근하는 것이 불가능하다고 느낄 수도 있다. 하지만 만약 당신이 매일마다 현실화 루틴의 15분간만 그러한 불가능성을 이겨낸다면 당신은 세상의 모든 것들을 다르게 만들 수 있다.

간단히 말해서 당신은 매일 몇 분간은 '쓸데없는 것들은 선반에 처박아 버려야' 한다. 모든 것이 지나도 그것들은 거기에 그대로 있겠지만 현실화의 쇼는 계속되어야 한다.

네 개의 AFM^{TM} 연습과 상상력 기르기

배우들은 그들의 머릿속으로 인물의 삶을 상상한다. 그들은 상상의 세계를 통해서 무대에서 신뢰할 수 있는 풍부한 경험을 만들어낼 수 있다. 스스로의 역할에 충실하기 위해서 그들은 과거 자신의 기억을 이용한다.

당신도 인생이란 영화의 작가, 제작자, 그리고 연출자로서 같은 방법을 적용해야 한다. 다음 네 가지 연습을 통해 당신도 그렇게 할 수 있다. 그 네 가지 방법을 '진실 주파수 방법AFM^{TM} : Authentic Frequency Method'이라고 부른다. 각각의 방법은 당신이 현실화하고자 하는 삶을 상상하고 진정으로 느낄 수 있도록 도와줄 것이다.

진실 주파수 연기 연습 : 미래 삶의 대본 쓰기

대본 없이는 연기를 할 수 없다. 따라서 '마치 ~처럼' 연기하기 위해서 해야 할 것은 당신의 진실한 미래 모습을 반영한 미래 삶의 대본을 만들어야 한다.

미래 삶의 대본은 당신이 연기하고 싶은 모습을 반영해 상상에서부터 만들면 된다. 이것이 무에서부터 당신 미래의 삶을 만들어내기 시작하는 지점이다.

그렇게 하기 위해서 우선 여섯 개의 의도 카드를 꺼내자(연습 4에서 만든 카드다). 그리고 그중 하나의 의도를 빈 종이 위에 적어두자(나머지 다섯 개의 의도 카드는 셋째 주 Soul-work를 통해서 할 수 있다).

이제 이 의도를 실제 삶으로 현실화시키기 위한 미래의 한 장면을 대본으로 써보자. 생동감 있고 자신도 믿을 수 있도록 정말 자세하게 쓰자. 상상력을 최대한 발휘해보자.

당신이 선택한 의도가 이미 이루어졌다고 생각하면서 시작하자. 그렇게 함으로써 당신의 '쓸데없이 시끄러운 위원회'를 조용하게 할 수 있고 당신의 상상력이 그 빈자리를 채우게 될 것이다.

다음은 장기적 의도를 가지고 만든 내 미래에 일어날 삶의 대본을 작성한 예이다.

의도 : 콜로라도 주 볼더Boulder에 있는 내 별장에서 시간을 보내는 것이 정말 즐겁다. 주변을 둘러싼 멋진 산과 호수가 사랑스럽다.

마법의 만약 : 내가 콜로라도 주에 별장을 살만큼 충분한 돈이 생긴다면?

장소 : 볼더, 콜로라도 주

의상 : 편안한 크림색 가운

계절 : 가을

시간 : 오후 3시경

세트 : 소파, 커피테이블, 벽난로가 있고 바닥에는 푹신한 양탄자가 깔려 있다. 호수를 바라보는 전면 창이 있는 넓은 리빙룸

소품 : 찻잔 세트, 책, 소파 옆에 놓인 크림색 슬리퍼

향기 : 재스민과 민트 차

소리 : 장작 타는 소리, 새소리, 바람에 흔들리는 나무 소리

배경음악 : 노라 존스의 「Sunrise」

감정 상태 : 만족스러움, 성취감

장면 : 나는 크림색 가운을 입고 거실에 있는 갈색 벨벳 재질의 소파에

편하게 앉아 있다. 나는 편안하게 소파에 파묻힌 채 소파 팔걸이에 기대어 있다. 내 앞에는 커피 테이블이 놓여 있다. 아름다운 연한 파란색과 초콜릿색의 차 세트가 그 위에 있다. 나는 재스민과 민트 차를 컵에 따르며 그 향을 맡는다. 벽난로에서는 장작 타는 소리가 난다. 밖은 그렇게 춥지는 않다. 10월이지만 벽난로에 불을 피우고 싶었다. 책을 읽는다. 종종 고개를 들고 전면 창밖으로 호수를 바라본다. 아름다운 가을의 색을 바라본다. 마음 깊은 곳에서부터 만족감과 자신감을 느낀다. 창밖의 호수가 매력적이다. 지금 읽고 있는 부분을 마무리하고 노란색 카약을 타러 나갈 것이다. 나는 오늘 저녁에 오는 손님을 기쁘게 맞이할 것이지만 지금은 이렇게 멋진 집을 내가 갖고 있다는 것에 자신감을 느끼며 조용함을 즐기고 있다.

이것이 내가 만든 장면이다. 내 의도와 열정으로 가득 차 있다. 이러한 경우라면 모든 상세한 내용은 미래의 내 모습이나 감정과 정확하게 맞닿아 있다. 콜로라도 주에 있는 집에 대해서 쓸 수 있는 다양한 방법을 선택할 수 있지만 이것이 내 열정의 불꽃을 켜고 나에게 말할 수 있는 좋은 표현들이다. 내 대본에서 진짜 같은 감정의 진실을 느낄 수 있을 것이다.

당신의 대본은 당신이 개인적으로 표현할 수 있는 상세함을 담고 있어야 한다. 어떠한 장면을 대본에 쓰느냐는 중요하지 않다. 당신의 의도를 잘 표현하고 당신이 원하는 것을 표현하는 것이 중요하다. 즐겁게 즐기면서 당신의 상상력을 총동원해보자.

진실 주파수 연기 연습 : 기억의 대본

우리는 감각을 통해서 세상을 받아들인다. 우리는 보고, 듣고, 맡고, 만지고, 맛을 보는 것과 같은 감각으로 자극을 받는다. 우리가 경험한 것을 돌아보는 것은 강렬하게 우리에게 영향을 줄 수 있다. 우리가 좋아하는 음식을 떠올리면 배가 고프거나 침이 고이기도 하고 음악을 들으면서 과거의 연인을 떠올릴 수도 있다. 우리의 기억은 우리의 감각과 강하게 연결되어 있다. 이번 연습을 통해서 우리는 이러한 감각적 기억들을 우리 미래의 삶과 연결하는 방법을 배우려고 한다. 우리는 특별한 사람, 장소, 또는 과거의 시간과 감각의 연결을 통해서 진실한 감정을 경험할 수 있다.

당신의 미래 삶의 대본이 완성된 후에 자신의 내면에 흐르는 감정에 대해서 적어보자. 이것이 모두 이루어진다면 어떤 감정을 느낄 것인가? 나는 내 대본을 작성한 후에 자신감과 성취감을 느꼈다.

만약 내가 삶의 바닥에 있는 시점에서 이와 같은 역할을 하는 배우였다면 나는 실패의 감정을 성공의 감정으로 대체하기 위해서 미래 삶의 대본과 비슷한 감정을 느꼈던 대학교 졸업식과 같은 성공의 기억을 떠올릴 것이다. 배우들은 역할을 준비할 때 이러한 방법을 자주 사용한다. 진짜로 사랑에 빠진 듯한 감정을 얻기 위해서 옛 연인을 떠올리기도 한다. 경험을 이용하는 것은 미래의 삶을 현실화하기 위한 진실한 감정을 느낄 수 있도록 도와준다. 당신이 기억하는 상황에서 받았던 감각들을 떠올림으로써 진실하고 믿을 만한 현실화에 도움을 줄 것이다.

여기 내 경험에서 나온 자신감과 성취감의 대본이 있다.

인물의 감정적 상태 : 자신감과 성취감

감정적 상태를 상기하기 위한 기억 : 대학교 졸업

장소 : 툭손Tucson, 애리조나 주

의상 : 푸른색의 졸업 가운과 학사모

계절 : 늦은 봄

시간 : 오후 2시경

세트 : 커다란 야외 경기장과 무대, 관객

소품 : 단상과 졸업장

향기 : 만발한 선인장 꽃

소리 : 박수와 환호

기억의 장면 : 내 발목에서 파란색 가운이 흔들린다. 애리조나 주의 강렬한 태양 덕분에 따뜻하고, 선인장 꽃에서는 향기가 난다. 그때 내 이름이 불린다. 졸업장을 받기 위해 무대로 걸어 나간다. 단상으로 걸어 나가면서 설렘과 흥분에 가슴이 뛴다. 단상 주위에 가득 찬 사람들을 본다. 수천 명의 사람들이 나를 보고 있다. 나는 자랑스러워하다 부모님의 눈을 본다. 내 친구들과 관객들을 돌아본다. 내 친구들 중에서 유일하게 4년 만에 졸업한다. 드디어 해냈다!

이제 여러분 차례다. 미래 삶의 대본과 같은 감정 상태를 떠올릴 수 있는 기억을 선택하자. 예를 들어 삶에 새로운 사랑을 찾고 싶다면 지난 사랑의 기억을 떠올리자. 만약 당신의 목표가 건강한 것이라면 건강하고 생동감 넘쳤을 때를 떠올리자. 당신의 기억이 상세하고 미래 삶의 대본과 감정 상태가 일치하는 것이 중요하다. 내가 현재형으로 쓴 것을 눈치챘을 것이다. 과거형이 아니다. 현재형으로 쓰는 것이 과거의 어느 기억이 아니라 현재 순간의 감정인 것처럼 느끼는 데 도움이 된다.

진실 주파수 연기 연습 : 대역 사용하기

기억의 대본을 경험할 수 있게 도와주는 대리 명상을 이용하자. 그리고 과거에 느꼈던 감정을 미래의 삶의 대본으로 대체하면 근원과 소통하기 위한 진실한 감정을 만들 수 있을 것이다.

다음 내용은 대리 명상을 위한 가이드다. 누군가가 읽어줘도 되고, 녹음을 해두어도 되고, 혹은 내 홈페이지에서 무료로 다운받을 수도 있다.

대리 명상

이 명상은 당신을 과거에서 미래로 이어지는 여행으로 인도할 것입니다.

우선 당신의 미래의 삶의 대본을 읽으세요. 미래 삶의 대본을 위해 필요한 감정 상태를 과거의 기억으로부터 상기시키기 위한 과정입니다. 이 기억은 당신 미래의 삶에 진실한 감정을 주입할 수 있도록 도와줄 것입니다.

이제 조용한 곳에 편하게 앉으세요. 부드럽게 눈을 감으세요.

몇 번 깊게 숨을 들이쉬세요. 지금 이곳을 제외하고는 어느 곳도 갈 곳이 없고 어느 곳에도 있을 필요가 없습니다.

부드럽게 빛이 들어오고 있는 복도를 걷고 있는 상상을 하세요. 그 끝에는 밝게 빛나는 녹색의 문이 있습니다. 이 문은 당신을 과거의 기억으로 인도할 것입니다.

그 문을 열고 과거의 장면으로 걸어 들어갑니다.

주변을 둘러보세요. 어디인가요? 누구와 함께 있나요? 벽은 무슨 색인가요? 방에는 어떤 가구들이 있나요? 어떤 소리를 들을 수 있죠? 사람들이 이야기하고 있나요? 그렇다면 무슨 이야기를 하나요?

숨을 들이쉬세요. 공기에서는 어떤 냄새가 나나요?

당신 앞에 놓인 거울을 보고 다가갑니다. 거울에 비친 당신이 당신을 바라봅니다. 당신의 나이 그리고 그날의 옷을 바라봅니다. 스스로 미소를 짓습니다. 오늘은 정말 좋은 날입니다.

거울에서 멀어지고 당신의 과거가 펼쳐집니다. 그날 느꼈던 감정이 모두 돌아옵니다. 사랑이었나요, 풍요로움이었나요, 생동감이었나요, 평화였나요, 혹은 즐거움이었나요? 그날의 감정이 발끝에서 시작해서 온몸을 타고 흐릅니다. 당신의 얼굴에는 큰 웃음이 피어오릅니다. 마음속에 그날의 감정이 생생합니다. 그날의 모든 것들을 느끼고 경험합니다.

이제 과거의 장면이 조금씩 끝이 납니다. 노란색으로 밝게 빛나는 다른 문이 보입니다.

당신은 그 문을 열고 과거에서 미래로 걸어 들어갑니다.

주변을 둘러보세요. 어디인가요? 누구와 함께 있나요? 벽은 무슨 색인가요? 방에는 어떤 가구들이 있나요? 어떤 소리를 들을 수 있죠? 사람들이 이야기하고 있나요? 그렇다면 무슨 이야기를 하나요?

숨을 들이쉬세요. 공기에서는 어떤 냄새가 나나요?

당신 앞에 놓인 거울을 보고 다가갑니다. 거울에 비친 당신이 당신을 바라봅니다. 당신의 나이 그리고 그날의 옷을 바라봅니다. 스스로 미소를 짓습니다. 오늘은 정말 좋은 날입니다. 거울에서 멀어지며 당신의 미래 삶의 장면이 펼쳐집니다.

이 과정을 끝내고 나면 당신은 곧 과거의 좋았던 모든 기억을 전부 다시 체험해야 할 필요는 없다는 것을 깨닫게 될 것이다. 당신은 곧 과거에 행복했던 순간의 감정을 손쉽게 미래의 의도로 전달할 수 있을 것이다. 오직 연습이 필요할 뿐이다.

어떻게 미래의 삶과 기억의 대본을 사용하는가

당신의 대본을 매일의 명상과 현실화 루틴에 사용할 수 있다. 당신 미래의 삶에 대본을 쓰고 나면 명상을 하기 전, 머릿속에 영화의 한 장면처럼 떠올릴 수 있게 하자.

만약 감정의 상태를 떠올리기 위해서 필요하다면 그 감정 상태를 갖고 있던 과거 기억의 도움을 받자. 여섯 개의 의도와 맞는 여섯 개의 삶의 대본을 모두 만든 후에는 매일 하나의 영화에 집중을 하자.

상상의 영화를 위해서 음악을 사용할 수도 있다. 음악은 당신의 감정을 만드는 것에 도움을 줄 것이다. 또한 현실화에서 커다란 역할을 할 수도 있다.

미래의 삶을 위해서 각각의 다른 감정 상태에 어울리는 사운드트랙을 만들어내도 된다. 예를 들면 나는 평화로움을 위해서는 모차르트 음악을, 자신감을 위해서는 휘트니 휴스턴의 「I'm Every Woman」을, 사랑을 위해서는 크리스 브라운의 「Forever」를 듣는다. 그리고 루도비코 에이나우디의 「Premavera」는 모든 상황에서 언제나 내가 가장 좋아하는 곡이다.

당신이 노래를 고르면 CD 혹은 MP3에 저장하자. 현실화를 위한 당신의 감정 상태에 접근하는 것을 돕기 위해서 언제든지 듣자.

진실 주파수 연기 연습 : 즉흥연기

나는 '칵테일파티'라고 부르는 즉흥연기 게임을 워크숍에서 진행한다. 모두에게 학생들의 이름이 쓰인 칵테일 잔을 돌린다. 그리고 학생들에게 자신의 미래의 모습과 관계가 있는 것들에 대해 세 가지씩을 그 밑에 쓰게 한다.

그리고 모든 사람들이 마치 칵테일파티를 하는 듯 이야기를 하고 서로 어울린다. 이 칵테일파티는 약 5년 후의 모습이다. 손님들은 그들의 미래의 삶을 살고 있다. 누구도 자신이 맡은 인물의 역할을 벗어나면 안 된다. 모든 사람들은 미래의 자신의 삶을 연기해야 한다(이것은 내가 파멜라와 요트에서 했던 것과 비슷하다).

친구들과 함께하기에도 좋은 연습 중의 하나다. 칵테일파티를 하고 모든 사람들에게 미래의 자신의 모습을 갖추도록 해보자. 혹은 친구를 초대해 점심을 먹으면서 역할극을 해보자. 새로운 삶을 접할 수 있을 것이다!

• Director's Notes •

- 미래 삶의 대본을 쓰는 것은 당신의 삶의 이야기를 쓰는 것에 도움을 준다.

- 과거의 감정적 상태를 찾는 것은 꿈꾸는 삶을 현실화하기 위해서 진실한 감정의 상태를 근원과 소통하는 것에 도움을 준다.

- 미래의 삶을 위한 사운드트랙을 만드는 것은 음악의 힘을 통해 당신에게 필요한 감정의 상태에 접근하는 것에 도움이 된다.

Soul-work : 셋째 주

❋ 여섯 개의 의도 중 하나씩 골라서 매일 미래의 삶에 대본을 써보자.

❋ 당신의 의도와 적합한 감정 상태를 불러줄 수 있는 과거 기억의 대본
  을 써보자.

셋째 주 : 매일의 명상과 현실화 루틴

다음은 셋째 주의 명상 및 현실화 루틴이다. 명상을 위해 자리에 앉아
서 허리를 세우자. 누군가가 읽어줘도 되고, 녹음을 해두어도 되고, 혹은
내 홈페이지에서 무료로 다운받을 수도 있다.

현재의 순간으로 돌아오고 균형, 명확함, 그리고 집중을 할 수 있는 상태를 이
루기 위해서 오감 체크인 훈련에서 시작하세요.

우선 시각을 떠올리세요. 방 주변을 돌아보세요. 색깔과 질감을 바라보세요.
천천히 물체 하나하나를 바라보세요. 과거나 미래의 생각이 떠오른다면 다음
물체를 바라보세요.

방 안에 있는 것 중에 한 번도 보지 못한 것이 있는지 둘러보세요. 무엇이 보이
나요?

이제 눈을 감고 냄새에 집중을 하세요. 숨을 깊게 들이쉬세요. 방 안의 냄새
가 어떠한가요? 요리를 한 냄새일 수도 있고 초의 향일 수도 있고 열려 있는 창
을 통해 들어오는 냄새일 수도 있어요.

다음은 소리를 들어보세요. 방에서는 어떤 소리가 나는지 들어보세요. 이제

방 밖에서 들려오는 소리들을 들어보세요. 오른쪽 귀로만 들어보세요, 왼쪽 귀로만 들어보세요.

이제 촉감을 느껴보세요. 바닥에 닿아 있는 발은 어떤 느낌인가요. 지금 입고 있는 옷과 볼에서 느껴지는 공기는 어떤지 느껴보세요.

마지막으로 미각에 집중하세요. 부드럽게 혀를 입천장에서 움직여보세요. 그리고 침을 삼켜보세요. 눈을 뜨고 방으로 돌아오세요. 이곳에 있도록 하세요.

다음은 매일의 루틴 중 현실화 단계를 할 것입니다.

여섯 개의 긍정적인 문장 카드와 여섯 개의 의도 카드를 준비하세요. 긍정의 문장 카드부터 시작합니다. 각각의 카드를 소리 내어 읽거나 조용히 읽으세요. 읽는 동안 마음을 돋우면서 자신감과 깨달음을 스스로 불어넣으세요. 그리고 같은 방법으로 의도를 진행하세요. 역시 크게 읽거나 조용히 읽어도 됩니다. 각각의 카드를 읽으면서 다시 한 번 마음을 돋우면서 자신감과 깨달음을 스스로 불어넣으세요.

눈을 감고 당신의 의도가 현실화된 것을 상상하세요. 미래 삶의 기억을 떠올리세요. 각 대본의 장면을 눈앞에 떠올리기 위해서 현실화와 적합한 감정의 상태에 어울리는 에너지의 파장과 적합한 음악을 따라가세요.

그 영화가 진짜처럼 진실하게 느껴질 때까지 모든 오감을 떠올리세요. 당신은 당신의 운명의 연출자이자 당신의 꿈의 창조자라는 것을 기억하세요. 꿈이 이루어지는 것을 바라보세요. 현실로 이루어지는 것을 느끼세요.

당신은 상상 이상으로 강한 힘을 갖고 있습니다. 이것이 당신의 삶이고 당신의 영화입니다. 당신이 그 영화의 마지막을 결정할 수 있습니다.

이제 되었습니다. 당신의 모든 의도는 준비되었습니다. 조용하게 교감을 이루세요.

세 번의 깊은 심호흡과 함께 명상을 시작하세요. 허리를 세우고 손을 편안하게 허벅지에 올려두세요. 우선 호흡을 내쉬고 들이쉬는 것에 집중하세요.

호흡이 들어올 때 편하게 느끼세요. 좋거나 나쁨을 생각하지 마세요. 그냥 '생각'이라고 스스로 말하세요. 그리고 다시 호흡에 집중하세요.

명상을 하면서 만트라를 사용할 수도 있습니다. 호흡을 들이쉬면서 '인'이라고 조용히 말하고 내쉴 때는 '아웃'이라고 하세요. 혹은 들이쉴 때는 '히어', 내쉴 때는 '나우'라고 해도 됩니다.

(조용히 앉아서 10분간 명상을 합니다.)

이제 매일의 명상과 현실화 루틴이 끝났습니다.

Date |
넷째 주
인생의
연출자가 되는 법

넷째 주 준비물

✓ 당신의 의도 카드

이제는 행동하라

위키피디아Wikipedia에 따르면 영화 연출자들은 영화의 창조적인 면을 관리할 의무가 있다. 또한 그들은 영화의 비전을 제시하고 그 비전을 현실화하고 영화가 어떤 모습이어야 하는지 결정하는 사람들이다. 다시 말하자면 비전을 현실화하는 사람들이다.

이러한 정의가 내 얼굴에 미소를 띠게 하였다. 꿈을 현실화하는 사람들과 영화 연출자 사이에는 많은 공통점이 있다. 이 책의 초점은 당신의 비전을 만들어내는 것을 도와주는 것이기도 하다. 그것이 지난 3주간의 중요한 부분이었다.

첫째 주의 연습은 당신의 비전을 명확하게 하는 것을 도와준다. 둘째 주와 셋째 주의 연습은 당신의 생각, 믿음, 감정이 긍정적으로 잘 정렬될 수 있도록 도와준다.

넷째 주에는 행동의 법칙에 대해서 배워야 한다. 이제는 지금까지 만들어진 당신의 비전이 서서히 움직여야 하는 시점이다. 행동의 법칙을 따르는 것은 모든 영화 연출자들이 따르는 두 개의 유명한 문구를 포함한다. '액션 : 비전을 실제 삶으로 현실화하는 것'과 '컷 : 근원으로 자세한 내용들을 넘겨주는 것'이다.

새로운 현실을 만들어내기 위해서는 당신이 새롭게 찾아낸 생각과 믿음을 바탕으로 해야 한다. 이것이 당신의 운명을 연출하기 위한 방법이다.

물론 어떠한 연출자들도 자신만의 영화를 주변의 도움 없이는 완성할 수도 현실화할 수도 없다. 그러므로 우리의 비전을 현실화시키기 위해서는 도움을 받는 것이 중요하다.

월과 그레이스

보통 영화를 만들 때에는 두 명의 조연출자가 도와준다. 첫 번째 조연출자1st AD는 연출자의 오른팔과 같은 사람이다. 그는 연출자가 창조적인 과정에 몰두할 수 있도록 세트의 세밀한 부분을 신경 쓰고 관리한다. 그들에게는 시간과 조직을 관리하는 뛰어난 능력과 문제점을 해결해나갈 수 있는 능력이 필요하다. 이러한 역할을 해내기 위해 많은 시간을 쏟아부어야 할 필요도 있다.

두 번째 조연출자2nd AD는 왼팔과 같은 사람이다. 그는 배우들이 제때 장소에 있는지 확인해야 하는 사람이다. 그는 해결되지 않은 상세한 내용들을 풀어내서 연출자가 창조적인 역량을 최대치로 발휘할 수 있도록 도와주어야 한다.

그러므로 연출자는 오른쪽에는 1st AD, 왼쪽에는 2nd AD를 날개로 달고 있는 독수리다. 이 둘의 완벽한 균형이 영화의 성공 가능성을 최고치로 끌어올린다. 당신에게도 이러한 두 명의 조연출자가 필요하다. 나는 그들을 윌Will과 그레이스Grace라고 부른다.

당신의 첫 번째 조연출자인 윌은 당신이 꿈을 깨닫는 데 필요한 과정들을 알려주고 조직 구성, 시간 관리, 그리고 행동(장면) 계획과 같은 것을 도와준다. 당신의 두 번째 조연출자인 그레이스는 근원에게 모든 것을 내맡겼을 때 나타날 기분 좋은 우연을 대표한다. 그 방법들을 배우고 나면 근원이 필요할 때에 필요한 곳으로 적절한 배우를 보내줄 것이다.

많은 사람들은 오직 윌에게만 의존한다. 그들은 원하는 것을 얻기 위해서 오로지 스스로의 행동에만 모든 것을 의지하는 경향이 있다. 종종 성공할 수도 있지만 위험성도 높다. 때로는 심장발작과 같은 심각한 상황이 발생되기도 한다. 그렇지 않은 경우라면 이혼이라는 모습이 되어버리기도 한다. 이러한 모든 경우 연출자들은 오직 한쪽의 날개만을 사용했기 때문이다. 한쪽 날개만을 퍼덕이는 새처럼 주변을 맴돌기만 하다가 가능성을 발견하지 못하게 되는 것이다.

또 다른 사람들은 그레이스만 찾는 경향이 있다. 이러한 사람들은 멋진 비전보드를 만들고 바라보면서 마법처럼 모든 것들이 이루어지기를 꿈꾼다. 그들은 완벽한 내맡김의 상태다.

하지만 우리의 꿈을 현실화하기 위해서는 윌이 소파에서 벗어날 수 있게 해야 하고, 그레이스가 근원이 우리의 영화와 함께하도록 만드는 것 모두가 필요하다. 어떠한 것도 행동과 내맡김이 없이 이루어지지 않는다.

당신이 읽고 있는 이 책 역시 윌과 그레이스가 함께 일을 해서 만들어 낸 결과물이다. 사실 이 책은 말 그대로 현실화의 결과물이다. 윌과 그레이스의 도움과 행동의 법칙에 의해서 만들어졌다.

윌이 영화 세트에 먼저 도착했다. 그는 나의 2010년 의도 중 하나인 책 출판을 담당하고 있었다. 그가 말했다.

"그래 젠, 만약에 책을 출판하고 싶다면, 우선 글을 써야 해."

내가 의심하듯 답했다.

"음, 물론 알고 있어. 하지만 글을 쓸 시간이 없잖아? 방과 후 과정도 전혀 없는 열한 살 아이와 함께 있어야 하고, 전국을 돌아다니면서 강의도 해야 하고, 매주 12명 이상의 고객들을 상대해야 해."

윌이 사악한 웃음을 띠며 말했다.

"절대로 시간을 찾지 못할 거야. 시간을 만들어내야 해."

내가 답했다.

"하지만 시간이 없는걸."

윌이 말했다.

"그렇다면 간절히 원하는 것이 아닌 것이지."

나는 이틀간을 부루퉁해 있었다.

그때 갑자기 '운동선수들은 큰 대회를 앞두고 어떻게 연습을 하지?'라는 생각이 떠올랐다. 그들은 일찍 일어난다. 그래서 바로 계산해보았다. 내가 만약 5시 30분에 일어난다면 한 시간 동안 글을 쓰고도 매일 30분의 명상과 현실화 루틴을 할 수 있다. 그렇다면 아들이 일어나기 전인 7시에 모든 것들을 다 마칠 수 있다. 그 한 시간이 내가 매일 글을 쓸 수 있는 시간이다. 매시간 500개 정도의 단어를 쓸 수 있을 것이라고 판단했다. 책을 내기 위해서는 약 5만 개의 단어가 필요하니까 100일 정도면 마무리할 수 있을 것이라고 생각했다.

다음 날부터 5시 30분으로 알람을 맞추었다. 물론 그 후로도 한동안 6시 30분까지 그 알람이 울리긴 했지만 말이다. 나 자신에게 실망했다. 작가가 되고자 하는 내 꿈을 가로 막는 방해물인 잠에서 깨지 못하는 것을 어떻게 극복할 수 있을까? 그때 나는 "그렇다면 간절히 원하는 것이 아닌 것이지"라고 윌이 말했던 것을 떠올렸다.

하지만 나는 간절히 원했다! 다음 날 밤 나는 나 자신보다 한 수 앞서기로 결정했다. 내 전화기에 리마인더를 설정했다. 새벽 5시 30분, 전화기에 메시지가 표시됐다. 그리고 "젠, 간절히 원하는 것이야? 아니야?"라고 나에게 묻게 했다.

매일 그러한 메시지를 받고 스스로 도전한다면 아침마다 침대에서 일어나서 글을 쓸 열정을 찾을 수 있을 것이라 확신했다. 다음 날은 5시 30분에 일어났다. 윌의 도움을 받아서 매일 4개월간 글을 썼고 나의 목표였던 5만 개의 단어를 쓰는 것에 성공했다.

2011년 1월, 그레이스가 도착했다. 그때 나는 내 사업 파트너, 그리고 18명의 고객과 함께 애리조나 주 세도나에서 명상을 진행하고 있었다. 이곳에서 지구의 전기 파장인 볼텍스가 넘치는 '카치나의 여인 바위'가 있는 보이튼 캐년에서 현실화 의식을 진행할 예정이었다. 이 시점에 이 책의 초안을 막 마무리 지었다. 그날 나는 산꼭대기로 올라가서 근원에게 나의 도전을 성취할 수 있도록 도와달라고 했다.

"나는 헤이 하우스에서 이 책을 출판하고 싶어요"라고 말했다.

어떻게 이루어질 수 있을지 알 수 없었지만 나는 내 안에 있는 모든 힘을 동원해서 요청했다. 나는 내 의도를 크게 말했다.

"나는 헤이 하우스에서 나의 책을 출판해서 매우 흥분된다."

나는 눈을 감고 마음속에서 영화를 만들었다. 그 영화에서 다른 헤이 하우스 작가들과 함께 손을 잡고 원을 만들고 있었다. 웨인 다이어, 루이즈 헤이, 체릴 리처드슨, 그레그 브레든, 도린 버츄, 크리스찬 노스럽이 모두 한자리에 있었다. 그들에게 걸어갔다. 루이즈와 웨인이 나를 바라보았고 그들 사이에 손을 내밀어 앉게 해주었다. 루이즈가 나의 오른손을 잡는 느낌이 마치 실제 같았다. 다시 세도나로 돌아왔을 때 전남편에게 전화를 해서 그 산 꼭대기에서의 경험을 말했다.

"이제 나에게 필요한 것은 웨인 다이어가 내 책을 추천해주는 거야. 그러면 모든 게 다 풀릴 거야!"

그는 조용히 있다가 나에게 "그를 만나고 싶어?"라고 물었다.

나는 "물론이지! 만나고 싶지. 하지만 그는 마우이에 살고 있잖아"라고 대답했다. 그가 말했다.

"다음 주에 만나볼래? 내 와이프인 아만다가 어렸을 때 그의 가족과 가까운 곳에서 살았어. 그의 딸인 세레나와 가까운 친구거든. 다음 주에 자선 저녁 식사가 있는데 웨인도 올 거야. 당신도 그때 와."

내가 할 수 있는 단 하나는 흥분해서 소리를 지르는 것뿐이었다. 그 다음 주에 나는 현실화의 아버지인 웨인 다이어와 함께 저녁 식사를 했다. 내가 가장 존경하는 멘토가 나와 한방에 있었다.

윌과 그레이스 모두 웨인을 만날 때 함께 있었으므로 심도 있는 대화를 나누게 되었다. 그는 파멜라 맥도널드의 책인『The Perfect Gene Diet』를 가이드로 백혈병을 극복한 것에 대해 이야기를 해줬다.

그날 저녁 다이어 박사와 헤어지기 전에 나는 현실화에 대한 글을 쓰고 있다고 이야기했다. 그에게 내 글을 읽고 조언을 해줄 수 있는지 물었다.

그는 눈을 치켜뜨고 "물론이죠. 세레나에게 집 주소를 물어보고 그쪽으로 보내주세요"라고 말했다.

화장실에 들렀다. 윌은 밖에서 기다리고 있었지만 그레이스는 함께 있었다. 그녀는 나를 보며 말했다.

"제니퍼! 잘했어! 윌이 글을 쓰게 도와주었고 내가 이 순간을 만들어줄 수 있었다는 것이 좋아! 기분이 어때?"

나는 그 자리에서 울음을 터트렸다. 이러한 순간을 만들어준 그레이스의 노력에 감사함을 느꼈다. 그 이후의 과정들도 윌과 그레이스가 함께 했다. 다이어 박사는 내 글에 대해서 곧 답을 해주었다. 그는 '1, 2, 3 현실화!'라고 붙인 제목을 바꾸라고 조언했다. 그는 내게 현실화 목표의 감정 상태에 도달하기 위해서 사용한 연기 기술에 집중해서 제목을 붙이는 것이 좋겠다고 했다. 다음 날 아침 그레이스가 내 귀에 대고 말했다.

"젠, 새로운 제목은 '당신의 운명을 연출하라 : 어떻게 당신의 꿈의 작가, 제작자, 그리고 연출자가 되는가'라고 하는 게 어때?"

나는 곧 세레나에게 전화해서 내 책을 그녀의 아버지에게 전해준 것에 대한 감사 인사를 했다. 전화 통화를 하는 동안 그녀가 샌디에이고에 있는 헤이 하우스 작가의 워크숍에 참석하지 않겠느냐고 물었다. 그 워크숍을 통해서 한 명이 출판 계약을 하게 될 것이고 나에게도 가능성이 있다고 세레나는 설명했다. 나는 아낌없는 감사를 전하고 워크숍에 등록했다.

그 경험은 멋있었다. 헤이 하우스의 대표인 레이드 트레이시Reid Tracy와 《뉴욕타임스》의 베스트셀러 작가인 체릴 리차드슨에게 출판 업계에 대한 이야기를 들었다. 그리고 나는 월과 나에게 적합한 방식으로 다시 리마인더를 설정했다. 매일 아침 5시 30분에 이벤트 캘린더가 전화기에 '젠, 정말 원하는 것이니?'라는 메시지를 보냈다.

내 책의 출판 제안서를 쓰는 데 약 3개월의 시간이 걸렸다. 알고 보니 제안서를 쓰는 게 책을 쓰는 것보다 더 힘들었다. 하지만 나는 운 좋게도 나를 도와줄 최고의 팀이 있었다. 내 좋은 친구이자 동료인 에리카 미스치오Erika Miscio는 언제나 "제국을 건설하기 위해서는 마을부터 건설해야 한다!"라고 말했다.

헤이 하우스가 우승자를 발표하는 날이 다가왔다. 나는 충분히 우승할 만한 것을 제시했다고 자신했다. 헤이 하우스의 페이스북을 매시간 확인했다. 그리고 그 중간중간 전화기도 확인했다. 마침내 오후 7시에 우승자가 발표됐다. 그러나 내가 아니었다.

『IS : Your Authentic Spirituality Unleashed』의 작가인 페이스 프리드Faith Freed였다. 그녀의 웹사이트에 접속했다. 그녀는 멋지고, 진실하고, 똑똑했다. 최소한 나는 정말 멋진 여성에게 진 것이었다. 하지만 여전히 나는 울고 있었다.

그때 그레이스가 내 옆에 와서 말했다.

"그녀의 시간이었어. 너의 시간도 곧 올 거야. 잊어버려. 이 순간을 모두 받아들여. 지금 있는 그대로 받아들여."

나에게 24시간 동안 슬퍼할 시간을 주었다. 그리고 2주 뒤 월과 나는 뉴욕으로 날아갔다. 헤이 하우스의 무버스 앤드 세이커스 Movers and Shakers 워크숍에 참석할 예정이었다. 그것은 계약을 할 수 있는 또 다른 기회였다. 월과 나는 지지 않을 것이라고 다짐했다. 우리 스스로를 바로잡은 후 제안서를 다시 제출할 예정이었다.

그 후 두 달간 월과 나는 제안서를 쓰기 위한 작업을 했다. 나는 전국으로 방송되는 토크쇼에 출연했다. 우리는 5000명 이상이 따르는 소셜 미디어 제국을 만들어냈다. 이번에는 포기하지 않을 것이다.

2011년 12월 20일, 세도나 산꼭대기에서의 현실화 세션 이후 거의 1년 만에 레이드 트레이시가 전화를 했다.

"헤이 하우스 가족이 되신 것을 환영합니다. 우승하셨습니다!"

내 삶에서 가장 기뻤던 날 중의 하나였다. 월, 그레이스, 그리고 나의 모든 드림팀들은 함께 축배를 들었다. 나는 책을 출판하는 것이 복권에 당첨되는 것만큼이나 힘들다는 것을 알았다. 하지만 당신이 행동과 내맡김을 할 수 있다면 월과 그레이스가 함께할 것이다.

보편적 행동의 법칙

월과 그레이스는 마법은 아니지만 그 효과는 마법과 같다. 언제 월을 불러내고 언제 그레이스와 함께해야 할 것인지를 알게 됨으로써 당신은 인생의 연출자가 되기 위해서 둘 모두와 함께할 수 있다. 오직 필요한 것은 그들을 초대하는 것이다. 그들이 응답할 것이라고 약속할 수 있다.

넷째 주에 우리는 보편적 행동의 법칙에 대한 세 가지 연습을 함께할 것이다. 의지를 기르고, 품위를 기르고, 감사를 기르는 것이다. 그 법칙은 종종 간과되곤 한다. 꿈을 위한 행동이 없다면 그건 단순한 몽상에 지나지 않는다. 행동이 있을 때 꿈이 현실이 될 수 있다.

첫째 주에서 셋째 주까지의 연습들은 당신이 진실한 꿈을 찾기 위해서 필요한 것들이다. 그러한 꿈을 근원과 소통하도록 허락하는 방법들이다. 그렇게 함으로써 당신은 삶의 최고의 영화를 만들 수 있다. 넷째 주에는 이렇게 새롭게 깨달은 꿈들을 어떻게 행동으로 옮길 수 있는지 알려줄 것이다.

소파에서 벗어나기

"당신이 할 수 있는 것 혹은 당신이 꿈꾸는 것을 시작하라.
용감한 행동만이 천재성, 힘, 그리고 마법을 갖고 있다."
– 요한 폰 괴테(Johann von Goethe)

비전보드를 바라보고 나의 완벽한 삶을 상상하며 소파에 앉아 있었을 때, 나는 근원이 나와 함께 하기위해서 소파에서 벗어나야 한다는 사실을 모르고 있었다. 내가 앞으로 설명할 '소파에서 벗어나는 방법'은 나와 근원이 협력하는 것이다.

지금은 그 방법에 대해서 꽤 잘 알고 있다. 많은 나의 친구들이 원하는 일들을 만들어내는 내 능력에 놀라곤 한다. 그들은 내가 어떤 특별한 힘을 갖고 있다고 생각한다. 그렇지 않다. 나는 간단히 일어나서 바라보고 어떻게든 해내는 것이다.

당신의 꿈을 이루고 비전을 현실화하기 위해서 당신은 소파에서 벗어나야 한다. 윌이 가능한 결과를 만들어내도록 행동해야 한다. 당신의 꿈을 이루기 위해서는 그의 도움이 필요하다. 당신의 의도만을 읽고 마음속의 영화를 보고 명상만 한다면 아무것도 일어나지 않을 것이다.

예를 들면 만약 내가 헤이 하우스의 작가가 되기 위해서 비전보드를 만들고 바라보기만 했었다면 아무런 결과도 얻지 못했을 것이다.

나는 그 꿈을 위해서 소파에서(이 경우에는 침대에서) 일어나 실제로 글을 썼다. 그리고 캘리포니아와 뉴욕에 갔고 두 개의 제안서를 썼다.

소파에서 벗어나는 두려움을 극복하기

우리에게는 이미 명확한 꿈이 있다. 하지만 우리는 소파에서 벗어나서 꿈을 이루기 위해 노력하는 것을 두려워하고 있다. 우리의 공포는 우리가 원하는 꿈을 이루지 못하는 것에 대한 핑계이다. 나의 핑계는 글을 쓸 시간이 없다는 것이었다.

다른 공통적인 핑계는 꿈을 좇기 전에 무엇인가가 먼저 일어나기를(계시와 같은) 기다린다는 것이다. 우리는 모든 것이 '완벽'해질 때를 기다리거나 '어떻게 해야 할지 모르기' 때문에 기다린다. 우리는 너무 자주 우리 꿈의 위험성 때문에 주저하곤 한다. 모든 기다림에 대한 핑계는 '쓸데없이 시끄러운 위원회'로부터 만들어져서 들려온다.

내가 명상 회사를 처음 설립했을 때 대부분의 사람들은 나에게 미쳤다고 했다. 나는 장소를 고르고 선전물을 만든 후 비행기를 타고 고객 18명을 이끌고 세도나로 향했다. 홈페이지조차 없었다. 명상을 이끌어갈 경험도 갖고 있지 않았다. 내가 갖고 있던 것은 요가를 가르칠 수 있는 사업 동반자와 내가 갖고 있던 변화 워크숍 기술뿐이었다. 그 명상을 위해서 내가 할 수 있는 한 모든 것들을 준비했다. 나는 내 경험이 그들을 어떻게 이끌 것인지 알고 있었다.

만약 우리가 모든 것이 완벽해질 때까지 기다린다면 우리는 영원히 기다려야 했을 것이다. 하지만 우리가 명상 회사를 설립한 것은 처음 아이디어가 떠오른 후 약 두 달만이었다. 물론 나도 실패할까 봐 두려웠다. 하지만 그 두려움에 얼어붙어버리고 싶지 않았다. 그 대신 잘 진행되지 않더라도 좋은 경험일 것이라 생각했다.

결론적으로는 큰 성공을 거두었다. 참가자들은 편안함, 변화, 그리고 재충전을 할 수 있었다. 명상이 끝난 후 나는 이 프로그램을 전 세계로 확대했다. 그리스, 이탈리아, 발리, 코스타리카, 그리고 캄보디아까지!

우리는 언제나 선택을 해야 한다. 원하는 것을 하든가, 아니면 핑곗거리를 찾으면서 그 자리에 서 있던가. 여기에 소파에서 일어나 두려움을 이겨낼 수 있는 다섯 가지 방법이 있다.

1. 핑곗거리 만들기를 멈춰라

어떤 것이든 가치 있는 일들은 그에 따르는 위험을 안고 있다. 우리가 명상을 통해서 직관력을 기를수록 쓸데없이 시끄러운 소리들을 조용하게 만들 수 있다. 그러면 우리는 다음 단계가 무엇인지 더욱 명확하게 알 수 있다.

위험성은 당신의 직관을 따를 때 최소화된다. 직관의 소리는 언제나 당신을 올바른 방향으로 이끌 것이다. 당신은 직관의 소리와 '쓸데없이 시끄러운 위원회'의 소리를 구분할 줄 알아야 한다. 두 소리 모두 당신 머릿속의 소리다. 여기에 주어진 과제들을 진행할수록 당신은 직관의 소리와 위원회의 소리를 구분할 수 있게 될 것이다.

내 고객의 실제 사례를 통해 예를 들어보겠다. 나의 고객인 에밀리는 자연요법에 관한 인터넷 라디오를 진행하고 싶어 했다. 하지만 '하고는 싶은데 어떻게 하는지를 모르겠어'라는 말이 그녀를 붙들고 있었다. 나는 그녀에게 위원회의 소리를 없애라고 충고했다.

"인터넷에서 다섯 개의 다른 라디오 진행자를 찾아보세요. 그리고 이메일을 보낸 후 어떻게 진행하고 어떤 마켓을 대상으로 하는지 10개의 질문을 해보세요. 그리고 가상의 라디오 쇼를 진행한 후에 가족이나 친구들에게 들려주세요."

간단히 말해서 나는 그녀의 핑계를 없애버렸다. 너무 큰 위험과 그에 대한 작은 보상이 소파에서 벗어나는 것을 방해하는 또 다른 핑계다.

내가 처음 사업을 시작했을 때 필요한 돈은 인쇄비뿐이었다. 그것마저도 친구가 좋은 프린터를 소개해줘서 저렴하게 해결할 수 있었다. 나는 물물교환으로 시작했다. 나의 드림팀에게 무료로 강의를 수강할 수 있도록 해줌으로써 웹사이트를 부탁했고, 내 수업의 마켓을 조사하고, 브로슈어를 수정했다. 사람들은 언제나 도움을 주고 싶어 한다.

창조적이 되어라. 당신 역시도 누군가가 원하는 것을 갖고 있다. 그러나 당신이 그것을 묻기 전까지는 영원히 찾지 못할 것이다.

2. 도움을 청하라

많은 사람들이 도움을 청하는 것을 두려워한다. 그런 사람들에게 두 가지를 말해주고 싶다. 최악의 상황이라고 해봐야 도와주지 못한다는 대답을 듣는 것뿐이다. 하지만 최선의 상황은 그 도움으로 당신이 성공의 길에 들어설 수 있다는 것이다.

내가 처음 강의를 시작했을 때 다른 10명의 강사들에게 커피를 사주며 어떻게 첫발을 내디뎠는지를 물었다. 모든 사람들이 잘 도와주었다. 모두들 20분 정도의 커피 미팅이 한 시간 혹은 그 이상의 조언을 주는 세션으로 바뀌는 것을 마다하지 않았다.

사람들은 그들과 성공의 비밀을 공유하는 것을 좋아하고 그 길에서 그들이 경험한 것을 나누고 싶어 한다. 그들의 멘토로부터 지식을 받은 사람들은 다른 사람들의 멘토가 되는 것 역시 마다하지 않는다.

불확실한 순간에 직면한다면 전문가에게 물어보아라. 당신이 원하는 것을 이미 했던 사람에게 물어보고 그들에게 도움을 청해라.

3. 지원을 받아라

먼저 당신이 행동하는 것을 막고 있는 장애물들을 파악해야 한다. 그리고 그것을 헤쳐나가기 위해 누군가에게 지원을 부탁하고, 그 이후에 일어날 일들에 대해서 당신이 행동하지 않았을 때에 당신에게 책임을 지우도록 부탁해라. 당신은 곧 그 장애물이 '쓸데없이 시끄러운 위원회'가 만들어낸 것임을 알 수 있을 것이다. 당신이 앞으로의 멘토에게 커피 한 잔을 청하려 할 때 그 위원회는 '전화하지 마, 분명히 귀찮아 할 거야'라면서 당신을 붙들 것이다.

이 위원회를 극복하기 위해서는 당신 앞에 놓인 핑곗거리를 알고 있어야 한다. 당신 주변의 친구나 가족 등 당신에게 책임을 지울 수 있는 사람들 속에 둘러싸여라. 당신이 조용히 꿈 뒤에 숨어 있을 때는 당신을 사랑하거나 당신이 꿈을 이루기를 바라는 사람들조차도 당신이 꿈이 있는지 없는지 모를 것이다. 하지만 당신이 주변 사람들에게 말한다면 그 사람들이 당신이 마무리할 수 있도록 도와줄 것이다.

당신의 목표를 위한 일정을 세우고 그것을 당신과 가까운 사람들과 공유하여 그날이 오기 전에 함께 확인할 수 있도록 해라. 그렇게 함으로써 당신은 더욱 목표를 쉽게 이룰 수 있을 것이다.

삶의 코치는 당신에게 책임을 지우는 좋은 사람이기도 하다. 만약 당신이 그러한 코치를 고용할 만큼 여유롭지 않다면 당신과 마찬가지로 목표를 이루고자 노력하는 다른 친구들과 함께해도 된다. 월요일 아침 서로 전화를 해서 진행된 것들에 대해서 이야기할 수 있다. 그리고 다음 주의 일들을 어떻게 처리해야 할지 앞으로의 일들에 대해 함께 머리를 맞대고 고민할 수도 있다. 힘들 때 서로에게 용기가 되고 도움을 줄 수도 있다. 당신은 당신의 꿈을 스스로 이루어야 하지만 누군가와 함께한다면 훨씬 빨리 꿈을 이룰 수 있을 것이다.

4. 특이한 일을 해보아라

당신이 편안하게 생각하는 일 이외에 여태껏 해보지 못한 일을 경험하고 난 후에는 당신 삶의 다른 부분에도 영향을 미친다. 예를 들어 내게는 몹시 힘들었던 뜨거운 석탄 위를 걷거나 스쿠버다이빙 자격증을 취득하고 나서 유명한 작가에게 어떻게 그렇게 성공할 수 있었는지 묻는 것은 힘든 일이 아니었다.

여기에 30가지 특이한 것들의 예가 있다. 10가지는 약간 특이하고, 10가지는 꽤 특이하고, 나머지 10가지는 완전히 특이한 것들이다. 뒤에 제시된 이 특이한 일들을 당신에게 맞게 조절할 수 있다.

이번 주에는 약간 특이한 것 중에서 하나를 골라보자. 그리고 앞으로 1년간 매달 이 중에서 하나씩 골라서 해보자. 처음 5~6개월간은 약간 특이한 것들 다섯 개 혹은 여섯 개를 진행하고 그다음 5~6개월간은 꽤 특이한 것들 그리고 마지막에는 완전히 특이한 것을 시도해보자. 친구나 식구들과 함께할 수도 있다. 함께 즐겨라. 그리고 기억하자. 당신은 영적 전사이다.

1. 나무를 심어서 당신이 사랑하는 사람에게 주자.

2. 혼자서 멋진 저녁 외식을 하자.

3. 해변에 커다란 모래성을 만들자.

4. 점쟁이를 찾아가보자.

5. 아침에 일찍 일어나서 해가 뜨는 것을 보자.

6. 별이 보이는 밖에서 잠을 자자.

7. 살사에 맞춰 춤을 배워보자.

8. 탱고를 배워보자.

9. 편지를 병에 넣어서 보내보자.

10. 익명으로 기부를 해보자.

꽤 특이한 10가지

1. 하루 종일 침묵하자.

2. 모터사이클을 타보자.

3. 악기를 배워보자.

4. 알몸으로 수영해보자.

5. 스톤헨지, 콜로세움과 같은 유물이나 알래스카 오로라를 보기 위
   한 여행을 하자.

6. 암벽 등반을 하자.

7. 외국어를 배우자.

8. 용서할 수 없다고 생각한 사람을 용서하자.

9. 하루 동안 단식을 하자.

10. 비 오는 날 밖에서 춤을 추자.

완전히 특이한 10가지

1. 절벽에서 바다로 다이빙을 하자.

2. 스쿠버다이빙 자격증을 따자.

3. 사파리를 가보자.

4. 스카이다이빙을 하자.

5. 상어 우리 다이빙을 하자.

6. 열기구를 타보자.

7. 급류 래프팅을 해보자.

8. 사막에서 낙타를 타보자.

9. 비행기에서 사랑을 나누자(법적으로 꽤 심각한 문제가 될 수 있으니 잘 해 결할 수 있도록 해야 한다).

10. 외줄타기를 해보자.

무엇을 하는지는 중요하지 않다. 다만 그게 무엇이든 한다는 것이 중요하다. 이러한 특이한 것들을 하고 나면 다른 일들은 그다지 어렵게 느껴지지 않을 것이다.

5. 당신의 생각을 바꾸자

당신의 인생에 연출자가 되는 것은 스스로 결정해야 할 많은 것들이 있기 때문에 강한 힘을 가져야 한다는 것을 의미한다. 영화 연출자는 자신이 내리는 결정이 최종적으로 영화에 어떻게 영향을 미치는지를 알아야 하듯이 똑같은 기술을 배워야 한다. 그렇게 할 때 새로운 길이 열릴 것이다. 하지만 그 길을 걸어가면서 새로운 갈림길들을 계속 만날 것이다.

새로운 경력을 만들어가야 한다면 그 일을 어디서 어떻게 시작해야 하는지에 대해 불안할 것이다. 혹은 직업을 옮기려고 하더라도 어디가 가장 적합한 최종 목표인지 알기 어려울 때도 있다.

이러한 갈림길들은 엄청난 스트레스를 받으면서 결정해야 하는 것이기 때문에 두렵게 느껴질 수도 있다. '잘못된' 결정을 내릴까 봐 두려워 얼어붙어버리기도 한다.

하지만 이렇게 생각해보자. 삶은 결정들로 이루어지지 않는다. 삶은 경험으로 이루어진다. '결정을 내려야 한다'라고 생각하지 말고 '선택할 것들이 많다'라고 생각해보자. 결정이라는 것의 정의는 마음을 먹기 위한 필요성이나 행동을 분명히 정하는 것을 의미하고 선택은 여럿 중에 하나를 고를 수 있는 힘, 권리, 자유를 의미한다.

마음을 먹고 결정한다고 말할 때 당신은 심리적인 부담감을 느낄 수 있다. 대신에 다양한 것들을 고를 수 있는 자유가 있다고 생각해보자. 자유란 마음대로 할 수 있음을 의미한다. 비슷하게 결정이라는 것은 변경 불가능한 것처럼 들리지만 선택이라는 것은 자유롭게 변경 가능하고 편안하게 느껴진다.

만약 당신이 하나의 경험을 선택하고 그것이 최선이 아니라고 생각된다면 언제든지 바꿀 수 있다. 결정이라는 단어를 선택이라고 바꿈으로써 갈림길의 압박에서 벗어날 수 있다.

당신이 꿈꾸는 삶을 좇는 것이 언제나 쉽지만은 않다. 하지만 이 다섯 개의 방법을 하나씩 사용함으로써 그 길을 더욱 쉽게 만들 수 있다.

EEE 테스트 : 삶의 변화가 필요한 시점

삶이 정체되어 있을 때는 변화가 필요한 부분을 알아야 삶을 흐르게 할 수 있다. 이것은 더 이상 우리에게 필요하지 않은 것들을 바꾸기 위한 행동이 필요함을 의미한다.

삶이 정체되어 있는 부분을 확인하기 위해 내가 '창조적 이해 여행' 강좌에서 가르치는 중요한 방법 중 하나는 EEE 테스트이다. 이것은 경력, 우정 관계, 그리고 가정을 평가Evaluating하는 것이다.

세 가지의 E는 편안함Ease, 에너지Energy, 그리고 즐거움Enjoyment이다.

첫 번째 E인 편안함은 쉽다는 의미와 혼동하지 말아야 한다. 소파에 앉아 있는 것은 쉽지만 당신의 꿈을 실현시켜주지 못한다. 편안함은 당신이 사랑하는 일을 함으로써 당신의 의도를 향해서 접근하는 것을 말한다. 당신이 집에 있거나 친구들과 함께할 때 심적인 편안함을 느낄 것이다. 예를 들어 사랑스러운 관계는 지속하기가 쉽지는 않지만 심적으로 편안함을 느끼게 해준다. 이 책을 쓰는 것은 결코 쉽지 않았다. 새벽 5시 30분에 글을 쓰기 시작해야 했다. 하지만 내가 그렇게 함으로써 글쓰기는 나에게 심적인 편안함을 가져다주었다. 직장이나 집에서 또는 친구들이나 가족과 있을 때 어떻게 느끼는지 생각해보자. 편안함을 느끼는가? 아니면 무엇인가 불편한가? 고민해보자.

두 번째 E인 에너지는 무엇인가가 무겁게 혹은 가볍게 느껴지는가로 측정할 수 있다. 우정과 사랑 모두 중압감을 주지 않는 관계인 것이 중요하다. 우리는 '이것이 무겁게 느껴지는가, 아니면 가볍게 느껴지는가?'라는 질문으로 주변의 상황들을 확인해볼 수 있다.

아마도 집에서 무거운 에너지를 바꾸는 좋은 방법은 가구를 옮기거나 청소를 하거나 벽을 새로 칠하는 것 등이 있다. 또한 진실한 대화를 통해서 사람들과의 관계를 더욱 가볍게 만들 수도 있다. 직장에서는 새로운 아이디어와, 유머, 그리고 명상 등을 통해서 관계를 조금 더 편하게 할 수 있다.

세 번째 E인 즐거움은 당신과의 관계, 가족, 그리고 집에서의 행복을 말한다. 당신의 여정이 당신이 꿈꾸는 미래의 모습으로 이끌고 있는가? 그렇다면 아무리 힘든 일이 있더라도 즐거울 것이다.

만약 당신이 인간관계, 가족, 그리고 직업 등에서 지속적인 변화를 주어도 계속 무겁게만 느껴지는가? 그렇다면 이것은 다음 단계를 위한 신호다. 이사를 하거나 새로운 직장을 구하거나 혹은 새로운 관계를 만들어야 한다. 이러한 경우라면 마지막 E는 탈출Exit이 될 것이다.

EEE는 당신의 삶의 컴퍼스가 될 수 있다. 당신의 인간관계, 가정, 직업 등의 EEE 테스트를 해보아라. 어떤 것이든지 그 세 가지 모두를 만족시키지 못한다면 변화시킬 방법을 찾아야 한다. 그렇지 못한다면 떠나야만 한다.

넷째 주에는 포스트잇으로 EEE 테스트의 리마인더를 붙여두자. 또한 거울, 컴퓨터, 차 등에도 붙여두자. 이 세 가지의 E가 모두 잘 정렬되어 있는지 끊임없이 확인하는 것은 매우 중요한 과정이다.

드림스토밍과 무엇을, 어떻게, 언제

각각의 의도에 맞게 당신은 성과를 이루기 위한 행동을 해야 한다. 이 장의 드림스토밍, 무엇을, 어떻게, 언제라는 방법은 당신이 소파에서 벗어날 수 있도록 도와줄 것이다. 특히 당신이 커다란 의도를 갖고 있다면 때로는 그러한 의도에 압도당한 듯한 느낌을 받을 수도 있다. 하지만 이

드림스토밍, 무엇을, 어떻게, 언제의 방법을 사용함으로써 당신은 모든 것들을 실행 가능한 수준으로 바꿀 수 있을 것이다.

내 학생이었던 로라의 이야기는 그에 대한 완벽한 예시이다. 그녀의 의도는 스타일리스트가 되는 것이었다. 로라가 처음 이 의도를 설정했을 때 그녀는 9시부터 5시까지 사무 업무를 하고 있었다. 그녀는 자신이 친구들의 옷을 고르고 액세서리를 추천해주는 것을 즐겼기 때문에 스타일링에 열정이 있음을 알고 있었다. 로라는 스타일링에 타고난 감각이 있었고 충분히 직업으로 할 수 있을 것이라는 자신감도 있었다.

나는 그녀에게 주말에 스타일리스트로 일하기 위해 새로운 사업을 준비하는 동안 지금의 직업을 유지하는 것이 좋을 것이라고 조언을 했다. 그녀의 새로운 경력을 깨닫기 위해서 많은 행동이 필요했고 우리는 드림스토밍을 시작했다. 드림스토밍이란 특정한 꿈을 이루기 위해 브레인스토밍을 하는 세션을 말한다.

드림스토밍을 통해 필요한 과정을 하나씩 정리해서 행동 계획을 만들었다. 그 계획에는 '무엇을, 어떻게, 언제 해야 하는지'가 정리되어 있다. 계획대로라면 6개월 안에 로라는 지금의 직장을 그만두고 성공적인 스타일리스트가 될 것이다.

이제 자신만의 드림스토밍을 해보자. 종이와 펜을 꺼내서 그 한가운데에 당신의 의도를 적고 나머지 공간에는 당신이 그 의도를 이루기 위해서 해야 하는 것들을 채워보자.

로라의 경우에는 '성공적인 스타일리스트'가 그녀의 의도였다. 종이의 나머지 공간에는 은행 계좌 계설, 홈페이지 만들기, 로고 만들기, 예산 계획, 사업 계획, 마케팅 계획 등이 포함됐다. 당신의 드림스토밍 연습은 목표를 이루기 위해서 절대적으로 중요한 세 가지의 행동 단계를 포함하고 있어야 한다.

여기 로라의 드림스토밍이 있다.

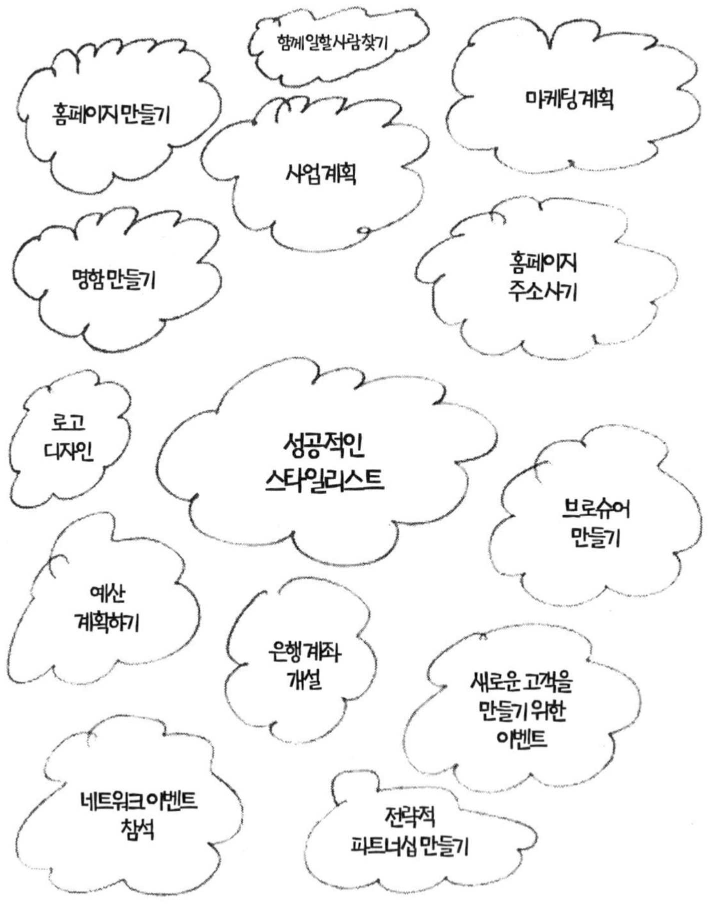

드림스토밍 페이퍼를 작성한 후에 중요한 세 가지가 무엇인지 찾아내

고 '무엇을, 어떻게, 언제'라는 방법을 사용해야 한다. 이것은 당신의 꿈을 이루기 위한 단계적 방법이고, 그 꿈을 이루기 위한 각 단계를 기록하고 진행 상황을 확인할 수 있도록 해줄 것이다.

로라의 경우에는 '무엇을'은 예산 계획하기였고, '어떻게'는 새로운 사업을 하기 위한 지출을 스프레드시트를 이용해서 정리하기였고, '언제'는 그 스프레드시트를 완성하는 최종일인 9월 1일이었다.

모든 의도는 완전하게 밝혀진 튼튼하고 좋은 계획을 필요로 한다. 그러기 위해서는 명확한 생각과 강한 믿음의 체계가 필요하고 당신의 마음 상태와 당신이 끌어당기고 싶은 것과의 정렬이 요구된다. 가고자 하는 길의 각 단계에서 이 같은 행동을 취해야 한다. 다음은 세 가지 각 단계별 무엇을, 어떻게, 언제에 대한 예시다.

행동 1

무엇을 : 금전적으로 문제가 없어 평화로움이 느껴진다.

어떻게 : 과다 지출을 하지 않도록 예산을 작성한다.

언제 : 2012년 5월 1일까지

행동 2

무엇을 : 금전적으로 문제가 없어 평화로움이 느껴진다.

어떻게 : 매달 200만 원의 돈을 더 벌 수 있는 세컨드 잡을 한다.

언제 : 2012년 6월 15일까지

행동 3

무엇을 : 금전적으로 문제가 없어 평화로움이 느껴진다.

어떻게 : 나는 추가적인 200만 원으로 매달 하나의 신용카드 대금을 결제할 것이다.

언제 : 2013년 5월 1일까지. 나는 더 이상 빚이 없다.

다음은 내가 처음 책을 쓰기 시작하면서 만든 첫 번째 3단계의 무엇을, 어떻게, 언제 계획이다.

행동 1

무엇을 : 헤이 하우스에서 책을 출판하게 되어서 매우 흥분된다.

어떻게 : 나는 매일 5시 30분에 일어나서 한 시간씩 글을 쓸 것이다.

언제 : 초안을 2011년 6월 1일까지 마무리할 것이다.

행동 2

무엇을 : 헤이 하우스에서 책을 출판하게 되어서 매우 흥분된다.

어떻게 : 나는 매일 5시 30분에 일어나서 한 시간씩 제안서를 쓸 것이다.

언제 : 2012년 10월 15일까지 제안서를 제출할 것이다.

행동 3

무엇을 : 헤이 하우스에서 책을 출판하게 되어서 매우 흥분된다.

어떻게 : 나는 매일 5시 30분에 일어나서 555개의 단어를 쓸 것이다.

언제 : 나는 2013년 1월 15일까지 5만 개의 단어를 쓴 완성된 원고를 제출할 것이다.

이러한 계획은 당신의 의도를 실행하기 위한 명확성과 책임감을 준다. 당신이 직접 원하는 것을 명확하게 하기 위해서 무엇을, 어떻게, 언제 방법을 사용할 수도 있다. 만약 당신이 직업을 바꾸고자 하지만 삶의 목적이 무엇인지 모르겠다면 다음과 같은 예시가 있다.

행동 1

무엇을 : 내 삶의 목적이 무엇인지 명확해서 흥분된다.

어떻게 : 내가 새롭게 일하고 싶은 분야에서 일하는 다섯 명을 만나 이야기를 나눌 것이다.

언제 : 4월 3일까지 다섯 명에게 연락을 하고 4월 20일 전에 모두 만나본다.

행동 2

무엇을 : 내 삶의 목적이 무엇인지 명확해서 흥분된다.

어떻게 : 명확성을 갖고 직관을 갖기 위해서 30일간 명상을 할 것이다.

언제 : 5월 30일까지 매일 명상을 한다.

행동 3

무엇을 : 내 삶의 목적이 무엇인지 명확해서 흥분된다.

어떻게 : 라이프 코치를 고용해서 내 삶의 목적을 찾을 수 있도록 도움을 받는다.

언제 : 4월 15일에 첫 번째 라이프 코치 세션을 수강할 것이다.

이제 당신의 차례다!

여섯 개의 의도 카드는 당신이 무엇을 원하는지를 알려준다. '어떻게'와 '언제'만을 만들면 된다. 이 책에 있는 처음 여섯 개의 연습은 당신이 원하는 것에 대해 근원과 소통하기 위한 기본적인 작업이다. 하지만 당신이 원하는 것을 얻으려면 당신이 해야 할 일들이 있다.

영화는 근원과의 협동을 통해서 만들어진다는 것을 명심하길 바란다. 당신의 일은 소파에서 벗어나 행동을 함으로써 당신의 역할을 하는 것이다. 그렇게 할 때 당신이 원하는 것들이 이루어질 것이다.

물론 내 학생들은 "뭘 처음 해야 할지 모르겠어요"라고 말한다.

내 대답은 언제나 같다. "뭘 먼저 하든지 상관없어요. 일단 뭐든 하세요."

여섯 개의 의도에 맞는 세 가지 무엇을, 어떻게, 언제 계획을 세운 후 당신의 일정에 이것들을 하기 위한 계획을 포함시키자. 그리고 매주 그 계획에서 한 가지를 지우기 위해서 필요한 행동을 하자.

당신의 꿈을 이루기 위해서는 어쩌면 50개 혹은 그 이상의 행동 단계가 필요할 수 있다. 압도되지 말고 단계별로 하나씩 따라가자.

1. 해야 할 모든 것을 적어두자

2. 우선순위를 정하자

3. 가장 우선 진행해야 할 세 가지에 대해서 무엇을, 어떻게, 언제 계획을 세우자.

이 세 가지 단계를 모두 마치면 그다음 세 가지 단계를 적어보자. 커다란 목표를 실행하기 쉽도록 작게 나누어서 하나씩 진행해나가자.

• Director's Notes •

- 기다리지 말고 행동을 취하자. 위원회를 조용하게 만드는 것은 당신이 삶의 연출자가 되는 것에 한 걸음 더 다가가는 길이다.

- EEE 테스트를 컴퍼스처럼 여기자. 삶에 변화가 필요하다면 소파에서 벗어나 행동하자.

- 도움을 청하는 것을 두려워하지 말자. 당신이 특이한 것들을 해봄으로써 자신을 단련시키자.

- 무엇을, 어떻게, 언제는 당신의 삶의 영화를 만드는 것을 작고 쉬운 단계로 나누어주는 좋은 방법이다.

애착 버리기

"우리는 오직 현재에서만 깨달음을 얻을 수 있다.
지금 이곳에 완전히 있기 위해서는 우리는 과거를 내려놓고
현재를 두 팔 벌려 받아들여야 한다.
그 말은 종종 이곳으로 들어올 때의 문을 닫아야 한다는 의미이기도 하다."

— 폴 페리니(Paul Ferrini)

우리는 살면서 돈, 집, 명예, 사람, 일 등 우리의 삶에 꼭 필요하다고 생각하는 것들에서 행복을 찾는다. 이러한 행복의 조건들을 잡았다고 해도 그것들은 상황에 따라 언젠가는 사라져 없어진다는 사실을 깨닫지 못하고 그런 것들에 구속되어 집착하며 산다.

나는 나이가 들면서 사람들과 물건들에 대한 구속이 줄어갔지만 완전한 깨우침과는 거리가 있었다. 내가 결혼했을 당시 나의 행복은 4.5캐럿짜리 다이아몬드, 프라다 구두, 벤츠와 같은 물질적인 것에 있었다. 내가

이혼한 후의 행복은 아들과 시간을 보내고, 친구들과 저녁을 먹고, 해먹에 앉아서 책을 보는 것에 있었다.

물론 이러한 것들은 단번에 사라져버릴 수도 있다. 친구들과 가족은 이사를 하거나 죽을 수도 있고, 태풍에 나의 해먹이 찢어질 수도 있고, 리스를 한 벤츠는 돌려주어야 할 때가 올 것이다. 그래서 오늘의 행복이라는 것을 정의할 때 나는 없어지지 않는 것들에 초점을 맞추었다. 창조성, 유머, 완전한 고요는 나에게 즐거움을 주는 것들이다. 이것들은 태풍에도, 죽음에도, 경제적 문제에도 없어지지 않는다.

이것이 불교에서 말하는 '흔들림 없는 행복'이다. 이것은 당신이 다른 무엇보다도 당신으로 인해 행복해야 한다는 뜻이다. 모든 것은 당신 안에서 나온다.

여전히 나는 물질적인 것과 사람과의 관계에서 행복을 찾는다. 하지만 나는 더 이상 그것들이 내 행복의 근원이라고 생각하지는 않는다. 스스로 더 만족할수록 밖에서의 행복감은 케이크 위에 올려진 장식 정도로 보이지 케이크 그 자체로 보이지 않는다.

내가 지금의 사랑을 현실화했을 때 나는 내 애인이 갖고 있었으면 하는 조건에 대한 리스트를 만들었다. 그 리스트에는 카리스마, 자신감, 친절함, 야망, 힘, 유머, 모험, 그리고 다른 사람들에 대한 열린 마음 등이 포함된다. 그 리스트를 보았을 때 이미 나는 각각의 것들을 갖고 있음을 알 수 있었다. 내가 찾고 있는 것이 내 안에 있었기에 나에게 행복을 안겨줄 남자를 현실화할 필요가 없었다. 그는 케이크 위의 장식이었고 내가 케이크 그 자체였다.

무탐 연습

무탐이라는 것을 정의하기 전에 우리는 그 반대되는 것을 알아야 한다. 애착은 우리가 삶에서 없으면 안 되는 것 같다고 느끼는 무엇인가를 붙잡는 것을 의미한다. 우리는 우리의 행복이 그것에서 나온다고 믿는다. 당신이 심하게 애착하는 것은 무엇인가? 자동차, 집 혹은 사람과 같은 물질적인 것인가? 아니면 당신의 이름, 경력 혹은 믿음과 같은 정신적인 것인가? 또는 종교와 일종의 권위자와 같은 것들에 영적인 애착을 갖고 있을 수도 있다.

우리가 무엇을 고수하고 무엇에서 행복을 찾으려고 하는지를 깨닫기 위해서는 우리가 애착하고 있는 것이 무엇인지 찾아내야 한다. 많은 경우 우리는 애착을 갖고 있는 것을 잃었을 때 고통받거나 힘들어한다. 하지만 무탐을 연습하여 우리는 고통과 힘든 상황의 근원에 애착을 갖는 것을 없애고 고통과 힘든 상황을 피할 수 있다.

무탐은 무엇인가에서 기쁨을 찾지 않고 고통을 줄 수 있는 것들을 피하고자 하는 불교의 개념이다. 우리가 삶을 관조할 때 우리는 자유롭게 흐를 수 있다. 우리는 모든 것들을 여전히 즐길 수 있지만 그것들을 있는 그대로 받아들이며 즐길 수 있다.

당신의 삶의 영화가 특정한 순간에 기쁨을 가져다준다면 그것을 즐겨라. 하지만 현재의 순간에서 그 즐거움을 즐겨야 한다. 그 기쁨에 매달리지 마라. 그것이 있는 그대로 감사해라. 그것이 언제 다시 돌아올지 생각하지 마라. 고통 역시도 마찬가지다. 당신의 삶의 영화에서 고통스러운 순간을 맞는다면 헤쳐 나가라. 그것이 다시 돌아올 것에 대해 걱정하지 마라.

처음에는 무탐이 어려울 수 있다. 나를 포함해서 우리 대부분은 만사를 자기 뜻대로 하려고 하는 사람들이다. 우리는 언제 어떤 일이 일어날지 알고 싶어 하고 모든 일들이 어떻게 돌아갈지 알고 싶어 한다. 그중에서도 우리에게 즐거움을 주는 일은 열정적으로 붙들고 있다.

자, 그러한 것들에는 전혀 잘못된 것이 없음을 깨닫자. 하지만 우리는 모든 것이 바뀐다는 것을 깨달아야 한다. 어떠한 것도 똑같이 머물지 않는다.

삶에서 확실한 한 가지는 불확실성이다. 이러한 철학을 받아들인다면 무엇인가가 바뀌었을 때 우리는 상처받거나 모욕감을 느끼지 않을 것이다. 우리는 어떠한 것도 영원하지 않다는 것을 안다. 그럼으로써 곧 지나갈 것을 알고 있기에 우리는 즐거움에 감사할 수 있다.

무탐 연습은 여섯 개의 의도에 모두 적용되어야 한다. 당신의 의도 혹은 미래의 삶의 대본이 어떻게 작용할 것인가에 대한 기대를 버리는 것이 중요하다. 모든 것을 내맡겨야 한다.

그렇다. 앞에서 나는 의도를 세우고, 미래의 삶의 대본을 작성하고, 행동 단계를 만들라고 했다. 이제 와서 나는 그 결실을 맺기 위해서 모든 기대를 버리라고 하고 있다. 앞뒤가 안 맞는 소리인 것 같지만 이게 미래의 꿈을 현실화하는 방법이다.

지금까지의 모든 연습과 준비 작업을 한 후에 우리는 그 최종 결과로부터 우리 자신을 떨어트려야 한다. 우리의 에너지는 우리가 너무 집착한다면 제대로 정렬되지 못할 것이다. 우리는 집착하고 필사적이 될 것이다. 의도한 바와 기대가 정확히 맞아 떨어지지 않는다면 실패할 수 있다고 생각할 수도 있다. 이때가 근원은 언제나 우리와 함께하고 있으며, 우리보다 무엇이 필요한지 더 잘 알고 있다는 것을 믿어야 하는 시점이다.

나는 지금 《뉴욕타임스》의 베스트셀러 작가가 되기 위한 의도를 갖고 있다. 하지만 그러한 높은 목표 뒤의 진짜 의도는 내가 갖고 있는 지식과 현실화에 대한 정보를 공유함으로써 수많은 사람들의 삶을 변화시키고자 하는 것이다.

하지만 나는 근원이 나보다 더 잘 할 것이라는 것 또한 안다. 그것은 어느 길이 가장 좋은 길인지 확실히 알고 있다. 나는 내가 영감을 받고, 동기를 얻고, 전 세계 사람들과 그 지식을 공유할 수 있는 상황에 놓일 것이라고 믿는다. 근원은 텔레비전 프로그램이나 라디오 또는 다른 형태의 방법으로 사람들에게 영향을 미칠 수 있도록 도와줄 것이다. 나의 의도를 현실화하는 과정 중에 나는 내 이름이 올려진 《뉴욕타임스》 베스트셀러 리스트를 기대하는 것과 같은 집착을 버려야 한다.

수없이 많은 가능성이 모든 상황에 있다. 근원이 내게 최고의 길을 알려줄 것이라는 것을 믿어야 한다.

근원에 대한 믿음

근원이 우리와 함께 의도를 현실화하기 위해서는 우리의 생각과 소망이 확실하게 표현돼야 한다. 그리고 모든 어려운 일들이 끝나고 나면 우리의 의도가 어떻게 결실을 맺을지에 대한 기대는 버려야 한다. 우리에게 적합한 선물을 받기 위해서는 맹목적인 믿음일 수도 있는 유동성이 필요하다. 만약 우리가 사랑을 찾고 있으면서 키가 크고 잘생긴 사람을 기대하고 있다면, 키가 작고 웃긴 사람이 나타났을 때 실망하게 될 것이다. 하지만 우리가 사랑이라는 의도에만 집중한다면 우리 앞에 사랑이 왔을 때 놓치지 않을 것이다. 우리는 언제나 궁금해하면서도 근원이 우리에게 주는 선물에 열린 마음이어야 한다.

현실화 과정에서 우리가 실망이나 장애를 만났을 때 왜 원하는 방향으로 흘러가지 않는가를 따지기보다는 모든 것에는 신성한 순서가 있다는 것을 믿어야 한다. 애인과 헤어지거나, 직장에서 쫓겨나거나 혹은 세상에서 가장 운이 없는 사람인 것처럼 느껴지는 등의 최악의 상황에 처했는가? 나중에 당신은 아마도 그 '나쁜 운'이 당신에게 더 좋은 직업이나 마법과도 같이 새로운 애인을 안겨다 준 것을 알게 될 것이다. 만약 우리가 우리의 지난 에너지와 계속 함께한다면 새로운 가능성은 절대로 오지 않을 것이다.

근원은 우리보다 우리에게 필요한 것을 더 잘 안다. 일이 원하는 방향으로 잘 풀리지 않을 때 나는 그 일들이 흐르는 대로 놔둔다. 그게 내맡김이다. 내맡김은 원하는 방향으로 일이 흘러가지 않더라도 새로운 가능성이 언제나 열려 있다는 것을 말하며 모든 것들이 유기적으로 우아하게 일어남을 허락한다는 의미이다.

잠시 당신의 의도 카드들을 돌아보자. 당신의 의도를 하나씩 고민해보고 그 결과에 따른 절심함의 감정을 찾아보자. 스스로 그러한 결실이 맺어지지 않아도 여전히 행복할 수 있는지 물어보자. 만약에 그 대답이 '아니오'라면 해야 할 일이 있다. 매일 다음과 같이 말하자.

"나는 이미 내 안에 내게 필요한 모든 행복을 갖고 있다. 어떤 것이든 밖에서의 행복은 케이크 위에 올려진 장식에 지나지 않는다."

헤이 하우스 작가가 되고자 했던 나의 의도는 특정한 결과에 매달려 있지 않았다. 만약 헤이 하우스가 내 책의 출판을 거절했다면 실망스러웠을 것이다. 하지만 하나의 문이 닫혔다고 작가가 되는 길이 닫힌 것은 아니다. 나는 근원이 내가 있어야 할 곳으로 이끌어준다고 믿었다. 계속된 거절이 완벽한 수락의 길로 열어줄 것이었다.

또한 우리는 그러한 거절을 개인적으로 받아들여서도 안 된다. 큰 그림을 본다면 모든 것은 그대로 완벽하다. 우리는 근원에게 모든 것을 맡기고 그것이 최고의 결과를 가져다줄 것이라고 믿어야 한다. 우리는 왜 그렇게 일어나는지 알 수 없지만 나중에 이렇게 말할 것이다.

"내가 정말 좋아하는 것을 하고 있기에 지금까지 이렇게 흘러온 것에 감사한다."

내 학생인 브라이언은 근원을 믿기까지 불편한 상황에 있었다. 부동산 업계에서 일하고 있는 브라이언에게 래퍼가 되려고 하는 어떤 사람이 확실하게 히트할 만한 곡이 있다고 했다. 브라이언은 그 래퍼의 곡인 「Don't Stop Believin」을 들어보고는 크게 성공할 것이라 생각했다. 그래서 그는 앨범 제작, 투어, 그리고 마케팅을 위해 50만 달러에 이르는 돈을 모았다. 그 프로젝트의 성공을 확신한 브라이언은 가족, 친구, 그리고 사업가 등 모두 26명에게 도움을 청했다.

얼마 후 브라이언은 그것이 래퍼의 사기였음을 알았다. 그 히트송의 댓가는 정말 비쌌다. 그 래퍼가 말해준 대부분의 음반 제작자들은 그 래퍼를 알지도 못하며 잘 알려지지 않은 그의 곡을 사기 위해서 그 정도의 돈을 지불하려고 하지 않았다. 브라이언이 투자한 돈을 돌려받고자 할 때는 이미 모든 돈이 없어지고 난 다음이었다.

브라이언에게 돈을 빌려준 사람들은 언제 돌려줄지 물어보기 시작했다. 한 사람은 법적으로 소송을 하겠다고 위협했다. 매일 같이 전화가 왔고 브라리언은 시간을 달라고 말하는 데 시간을 쏟았다.

브라이언이 이러한 상황을 내게 처음 말했을 때, 나는 브라이언이 거짓 협박에 시달리고 있는 것처럼 느껴졌다. 투자자들은 6개월이 넘도록 위협하고 있었지만 한 번도 그렇게 하지 않았다. 그 대신 매일 몇 시간씩 전화를 해서 브라이언의 주의를 끌고자 했다. 브라이언은 그렇게까지 스트레스와 초조함을 느낄 필요가 없었다.

그래서 내가 말했다.

"마음대로 하라고 놔두세요."

브라이언은 내 조언을 따랐다. 그는 투자자들에게 더 이상 전화를 받지 않겠다고 말했다. 그는 부동산 업계로 돌아갔고 법적 분쟁은 일어나지 않았다. 투자자들도 브라이언 역시 피해자임을 알았다. 그 후 두 달이 되지 않아서 브라이인은 작년 한 해보다 더 많은 부동산을 팔았다. 그리고 26명의 투자자들에게 반 정도의 투자금을 돌려주었다. 브라이언이 그 상황에 대한 공포를 멈췄기에 근원이 그가 필요한 돈을 마련해주었다. 현재 브라이언은 성공적으로 부동산 사업을 하고 있다. 그는 연말 즈음이면 모든 빚을 다 갚을 수 있을 것이라고 자신하고 있다.

우리가 근원을 믿고 더 이상 필요치 않은 것들과 사람들에 대한 집착을 버린다면 우리는 평화롭게 살 수 있다. 우리가 평화로울 때 비로소 우리 삶에 항상 존재하는 풍요로움이 열릴 수 있다.

집착 버리기 연습

종종 연출자가 '컷' 하고 소리치는 것을 들을 수 있다. 이때는 연기나 상황이 영화에 필요한 장면과 잘 맞지 않을 때다. 이때에는 연출자가 원하는 장면이 나올 때까지 다시 촬영하고 여러 번 반복하기도 한다.

당신의 삶에서 '컷'을 해야 하는 것은 무엇인가? 당신의 에너지를 빼앗는 부정적인 친구가 있는가? 즐거움, 사랑 혹은 존경이 부족한 관계에 있는가? 혹은 도저히 극복할 수 없는 실망스러운 상황을 붙들고 있는가?

이러한 집착은 새로운 에너지가 오는 것을 막을 수 있다. 만약 당신이 실망을 버린다면 다른 긍정적인 에너지가 그곳을 채울 것이고 당신이 원하는 장면을 찍을 수 있을 것이다. 오래된 공포를 버리고 근원을 믿는 것은 필수적이다. 모든 것에는 주기가 있다. 우리가 태어나고 성장하고 죽는 것처럼 삶의 모든 것들은 비슷한 과정을 따른다. 우리가 죽어가는 것들에 집착한다면 우리는 그 죽음을 조금 연장시키는 것밖에 안 된다. 의식儀式은 집착을 버리기 위한 좋은 방법이다. 여기에 내가 사용하는 몇 가지 방법이 있다.

묻어두기

당신의 집착을 버려야 하는 것들을 의미하는 그림이나 사진과 같은 것을 찾아라. 그리고 작은 구멍을 파서 그 안에 그것을 묻어두자. 흙으로 덮으면서 그것이 당신에게 가르쳐준 것에 대해 얼마나 감사한지 생각하자. 그리고 왜 더 이상 당신에게 필요가 없는지 생각하자. 그것들을 모두 묻었을 때 꽃이나 크리스털을 그 위에 올리고 안녕이라고 말한 후 돌아서자. 다시는 돌아보지 말자.

이야기를 쓰는 것은 또 다른 좋은 방법이다. 어떤 상황인지 또는 사건이 어떻게 발생되었는지 적어보자. 당신의 상처, 분노, 공포를 적자. '그때 일어난 일은 …… 이다'라는 말로 시작해서 당신의 감정을 쏟아내자.

그리고 당신 혼자 혹은 친구에게 큰 소리로 읽어주자. 더 이상 읽는 것에 아무런 감정을 느끼지 못할 때까지 하자. 그것에 적응되고 무의미해질 때까지 하자. 그리고 그 종이에 불을 붙여서 바람에 날려 보내자.

물은 치료의 속성을 갖고 있다. 호수나 바다 근처에 갔을 때 두 다리를 죽 뻗고 물에 누워보자. 물이 밀려들어올 때 당신이 버리고 싶은 것들을 생각하고, 물이 나갈 때 물이 그것들을 갖고 나간다고 생각하자. 당신이 완전하게 느낄 때까지 계속하자.

이 주에 더 이상 당신에게 도움이 되지 않는 것 하나를 고르자. 그리고 위의 방법 중 하나를 고르자. 근원이 대답하고 당신의 삶에 새로운 모험을 가져다주는 것을 지켜보자. 버릴 때는 당신이 경험한 것에 대해 솔직해야 한다.

당신을 사랑하는 사람에게 그 과정을 도와달라고 부탁하자. 이것은 일을 그만두거나 우정을 멀리하거나 이혼을 하는 것이 아니다. 그러한 상황에 관련된 감정을 버리는 것이다. 이것을 하고 나서는 근원에게 때가 되었을 때 이 상황에서 벗어나게 해달라고 부탁하자. 현실화는 보고, 믿고, 느끼는 것이기 때문에 우리의 새로운 현실을 깨닫기 위해서는 그 여정을 위해서 작지만 필요한 행동으로 시작해야 한다.

무탐은 일생 동안 좇아야 한다. 당신에게 커다란 행복을 주었다고 믿었던 것을 보내는 것은 매우 더딘 과정일 수 있다. 당신이 누구이고, 당신이 무엇을 원하고 있는지에 대해 명확해지면 마지막 순간에는 근원에게 내맡기고 믿자. 마지막 한 조각은 당신에게 가장 큰 이득을 안겨줄 것이다.

매일의 연습을 위한 무탐

이번 주에는 일곱 개의 연습과 현실화 과정에 하나를 더 추가하자. 그 여덟 번째는 무탐이다. 이 연습은 무엇을 하는 상태이기보다는 존재의 방식에 관한 것이다.

이 연습을 당신의 매일 명상과 현실화 루틴에 포함하자. 당신의 의도 카드를 읽는 동안 고민하자. 당신의 행복은 결실을 맺기 위한 특정한 길에 있음이 아님을 알자. 대신 감사하는 상태로 돌아오자. 당신이 삶을 있는 그대로 감사할 때 근원은 당신에게 가장 좋은 것을 줄 것이다. 앞에서 말한 것처럼 현실화된 의도는 그 자체가 케이크이기보다는 케이크 위의 장식일 뿐이다.

시간을 갖고 당신이 버려야 하는 것이 무엇인지 알고 묻고 쓰거나, 물을 이용해서 그 상황을 버리자.

• Director's Notes •

- 당신 안에서 행복의 근원을 찾음으로써 진실한 행복을 만들어가자. 물질 혹은 관계에서 행복을 찾을 때 우리는 덫에 걸릴 수 있다.

- 당신의 평화, 즐거움, 사랑, 그리고 풍요의 의도를 현실화하기 위해서 무탐 연습을 하자. 근원이 가장 적합하게 당신에게 가져다줄 수 있도록 허락하자. 어떻게 결과가 나와야 한다는 기대를 버리자. 근원이 당신에게 가져다줄 기대치 못한 기쁨에 마음을 열자.

- 당신에게 더 이상 필요 없는 것을 버리고 당신의 의도가 현실화될 수 있는 길을 열자. 앞에서 설명한 의식들이 버리는 것을 도와줄 수 있을 것이고 내맡김의 과정을 시작할 수 있을 것이다.

감사와 나눔

"사람이 얼마나 행복한가는 감사의 깊이에 달려 있다."

– 존 밀러(John Miller)

당신이 감사함을 온전히 받아들일 때 당신의 삶에 가장 놀라운 순간이 온다. 내 아들이 태어났을 때, 영화배우 조합에 초대되었을 때, 그리고 헤이 하우스 작가가 되었을 때 등이 커다란 감사를 느낄 수 있었던 순간이었다.

물론 그 순간에는 감사를 받아들이기 쉽다. 중요한 것은 매일 감사하는 상태로 살아야 하는 것이다. 특히 우리가 감사함을 느끼지 못할 때 더욱 그렇다.

만약 우리가 우리에게 없는 것보다 있는 것에 더욱 집중한다면 우리는 보편적 풍부함의 흐름에 들어가게 될 것이다. 우리가 필요한 것과 원하는 것에 집착할 때 그 흐름에서 벗어날 것이다. 대신 우리는 우리 앞에 놓인 것에 경외심을 갖고 감사함을 갖는 연습을 해야 한다.

감사함이 불가능하다고 느껴질 때가 있다. 우리가 집을 잃거나 사랑하는 사람을 잃었을 때는 특히 그렇다. 하지만 우리가 부족한 것에만 집착한다면 부족함이 계속 다가올 것이다.

많은 사람들은 집중, 끌어당김, 그리고 행동의 보편적 법칙에 대해서 혼란스러워한다. 미래에 현실화하고 싶은 것들에 집중한 나머지 현재에 감사할 것들을 잊어버린다. 덫에 빠지지 않는 것이 중요하다. 만약 당신이 지금 부족한 것만을 계속 원한다면 근원은 당신에게 더 많은 것들을 원하게 해줄 것이다. 만약 당신이 행복하다면 행복을 안겨줄 것이다. 만약 당신이 평화롭다면 역시 평화를 안겨줄 것이다. 당신이 원하는 감정의 상태에 살수록 그 상태가 당신에게 더 쉽게 흘러 들어온다.

나는 기분이 울적할 때면 '불쌍한 나'를 감싸는 행동을 멈추도록 스스로에게 이야기한다. 잠시 동안 나는 억지로라도 나에게 따뜻한 침대가 있고, 먹을 것이 있고, 볼 수 있는 눈이 있음에 감사한다. 세상에 이러한 부유함을 느낄 수 없는 사람들이 많음에도 불구하고 많은 사람들이 이러한 것들을 당연하다고 받아들인다.

매일 나는 복권에 당첨된 것과 같은 감정을 느끼려고 한다. 나는 현대적인 편리함과, 자유, 그리고 기회가 있는 나라에서 태어났다. 이것들이 내가 진정 감사해야 하는 기본적인 것들이다.

나는 곤경에 처한 여성을 돕기 위해 자원봉사를 하고 학대당하거나 집이 없는 여성들을 위해서 일을 한다. 그 일들을 통해서 내가 얼마나 풍족한지 느끼게 된다. 내가 그들을 도와줄 수 있음에 감사한다. 내가 침대에서 편안함과 따뜻함을 느낄 때 다행이라고 느낀다. 그것들에 비하면 내 걱정과 문제들은 상대적으로 작게 느껴진다. 또한 매일 아침 침대에서 일어나면서 새로운 하루에 감사한다. 그리고 저녁에 잠이 들기 전에 내가 그날 감사함을 느꼈던 다섯 가지에 대해서 적는다. 하루를 감사함으로 마무리함으로써 나는 밤새 뒤척임이 줄어든다. 나는 감사함을 가슴에 안고 잠이 든다. 그 말은 내 꿈으로 젖어든다는 말이다. 다음 날 새로운 하루에 대한 열의와 열정을 갖고 일어난다.

감사의 연습

당신은 최소한 하루에 한 번 감사할 일을 반영하는 것이 중요하다. 당신의 명상 및 현실화 루틴과 함께하자. 매일 밤 당신의 일기에 감사함을 적어보자.

당신이 경험하거나 갖고 있는 것 중 다섯 가지의 감사할 일을 찾아보자. 리스트를 적고 읽어보자. 순수한 감사가 당신을 감싸도록 고마움을 느끼고 그 느낌을 간직하자.

친구들과의 파티를 마치고 난 지난밤 내가 느꼈던 감사함은 다음과 같다.

- 친구들과 함께한 아름다운 치즈 플레이트에 감사한다.
- 게임을 하는 동안 우리가 웃을 수 있었던 것에 감사한다.
- 내 아들과의 아름다운 관계에 감사한다.

✽ 내 건강검진 결과에 감사한다.

✽ 나는 내 가족과 친구들로부터 받은 모든 사랑에 감사한다.

이러한 감사 연습을 매일 잠들기 전 일기에 적어보자.

다르게 생각하기

삶은 당신의 평화, 사랑, 감사함을 뺏는 상황들로 가득 차 있다. 이러한 상황에 처한다면 당신을 되찾아오기는 꽤 쉽다. 만약 당신이 움직이지 않는 줄에 서 있다면 화를 내거나 짜증내지 않도록 하자. 대신 당신 옆에 있는 사람을 보며 삶에 함께하는 사람이 있다는 것에 감사하자. 만약 당신이 고객 센터에서 몇 시간째 기다리고 있다면 머리를 쥐어뜯지 말자. 대신 눈앞에 보이는 예술품 혹은 당신 머리 위에 있는 천장에 감사를 하자.

상대하기 어려운 사람과 논쟁을 할 때도 감사, 인내, 그리고 용서할 수 있는 기회를 찾아보자. 정말 최악이라고 생각되는 순간조차도 감사할 것들이 주변에 있다. 평화와 감사를 뜻하는 파란 줄을 손목에 걸고 이러한 것을 상기시키자. 그것이 곧 언제나 감사할 것이 있다는 것을 기억하는 시금석이 될 수 있다.

너그러움

풍요로움을 나누어주는 사람이 풍요로움 속에서 산다는 것을 생각해본 적 있는가? 너그러움 역시 그렇다. 만약 우리가 돈이나 시간을 아낌없이 내놓지 않는다면 흐름은 멈춘다. 충분히 갖고 있지 않은 듯하다는 공포에서 근거하더라도 보편적 풍유로움과의 관계를 끊게 될 것이다. 내가 학생들에게 요구하는 가장 첫 번째 것 중 하나가 옷장을 정리하고 더 이상 필요하지 않은 것들을 주변에 나누어주라는 것이다. 정말 가슴깊이 중요한 것들을 나누어주라고 하기도 한다.

그러한 물질적인 것을 보낼 때 그들은 더 깨끗하고 가볍고 행복하다고 말한다. 그들이 가슴깊이 중요한 것들을 나누어줄 때, 그들은 받는 사람들에게서 보이는 감사함의 미소에 따뜻함을 느낀다. 매일 나는 누군가에게 무엇을 주려고 한다. 미소와 같은 것들일 수도 있고 문을 잡아주거나, 누군가의 식사비를 지불해주는 작은 것들이다. 한 번도 만난 적이 없는 사람의 주차비를 내준 적도 있다.

작은 행동들은 가슴이 노래하게 만들 수 있다. 그렇게 되면 우리의 가슴에는 나눔의 기쁨이 가득 차게 된다. 사랑과 감사의 상태에 들어선다. 결과적으로 근원은 사랑과 감사를 다양한 방법으로 우리에게 보낸다. 받기 위해서 주지 말자. 주기 위해서 줄 때에만 놀라움을 경험할 수 있다.

나눔의 연습

4주간의 과정을 하면서 매일 누군가에게 무엇인가를 나누어주자. 작은 것도 되고 큰 것도 된다. 어떤 것을 되받고자 하는 기대를 하지 말고 주자. 사실 4주의 마지막에는 당신이 꼭 갖고 있고 싶은 것, 당신에게 소중

한 의미가 있는 것을 찾아서 주자.

여기 당신이 나눔의 연습을 시작하기 위한 방법이 있다.

❀ 옷장을 정리하고 작년 한 해 동안 입지 않은 옷들을 나누어주자.

❀ 당신에게 감성적 가치를 갖고 있는 것을 주자.

❀ 당신이 사랑하는 다섯 명에게 전화해서 사랑한다고 말하자.

❀ 구호 단체를 찾아가서 당신의 시간을 나누자.

❀ 당신 수입의 일부를 기부하자.

❀ 익명으로 선물을 하자.

우리가 작은 것들의 가치를 깨달을 때 우리는 진정 중요한 것이 무엇인지 깨달을 것이다.

당신의 마음을 열기 위한 명상으로 마무리하자. 이 명상은 당신의 마음이 닫혔을 때 언제나 할 수 있는 명상이다. 누군가가 읽어줘도 되고, 녹음을 해두어도 되고, 혹은 내 홈페이지에서 무료로 다운받을 수도 있다.

사랑과 감사의 명상

누울 수 있는 조용한 장소를 찾으세요. 깊은 숨을 쉬는 것으로 시작하세요.

지금 여기에 있는 것 외에 다른 곳, 다른 시간은 모두 잊으세요.

아름다운 풀밭에 누워 있다고 상상하세요. 바로 옆에도 높게 자란 풀이 보입니다. 땅속으로 편안하게 누워 평화로움이 당신의 몸을 감싸 안습니다. 세상에 걱정할 것은 없습니다. 모든 것은 잘 돌아갑니다.

머리 뒤로 손을 받쳐 하늘에 떠가는 구름을 바라봅니다. 당신의 얼굴에 미소가 지어집니다. 당신의 모든 의도는 결실을 맺었습니다. 이루어지고 만들어진 모든 것들을 돌아보며 당신은 원하는 것들이 이루어졌음을 깨닫습니다.

당신의 가장 신 나는 꿈과 가장 큰 포부를 경험했습니다. 당신 전체에 평화로움이 감싸고 있습니다. 당신의 몸을 땅에게 주는 것을 느낍니다. 내맡김에 편안함을 느낍니다. 그리고 이러한 꿈들을 깨달을 기회를 가졌음에 감사함을 느낍니다. 가장 필요할 때 주변의 도움, 사랑, 그리고 지원이 있었음에 감사함을 느낍니다.

당신의 가슴에 집중하세요. 당신의 가슴이 꽃에 둘러싸여 있다고 상상하세요. 그리고 숨을 들이쉬고 내쉴 때마다 한 번에 하나씩 꽃잎을 여세요. 숨을 쉴 때마다 꽃잎이 열리면서 당신의 몸이 땅의 더 깊은 곳으로 내려감을 느끼세요.

꽃이 피도록 놔두세요. 아름다운 분홍색 빛의 꽃입니다. 이 분홍색 빛이 당신의 몸에 퍼져 나갑니다. 이제 당신은 온몸에 흐르는 사랑을 느낄 수 있습니다.

이 빛이 온 들판에 퍼지면서 당신이 사랑하는 사람들을 건드린다고 상상하세요. 그리고 멀리까지 당신의 사랑을 전달하고 알고 있는 모든 사람들을 어루만지세요. 당신의 가슴으로부터 사랑을 전하세요.

숨을 쉴 때마다 그 사랑이 더 넓어집니다. 이 사랑의 기운을 온 도시에 넓게 퍼트리세요. 당신의 주변에 에너지가 넘치는 사랑의 주파수를 만드세요. 이러한 사랑이 전국에 퍼지도록 하세요. 삶에서 사랑이 필요한 사람들에게도 미치도록 하세요.

이제 당신의 사랑이 온 지구를 감싸 안습니다. 길고 깊게 숨을 들이마시고 길게 내쉬면서 전 우주에 걸쳐 당신의 사랑을 보내세요. 당신의 얼굴에는 미소가 번집니다. 당신의 가슴은 모든 시간과 공간을 아우르는 사랑의 나눔이 가득합니다.

이제 그물처럼 펼쳐진 사랑을 바라보세요. 이제 당신이 보냈던 모든 사랑을 천천히 불러 모으면서 마치 이불을 접듯 천천히 접어들일 시간입니다. 그 모든 사랑을 당신의 가슴으로 불러들이세요.

당신의 열린 가슴은 세상을 치료할 힘이 있습니다.

• Director's Notes •

- 세 가지의 보편적 법칙과 함께하기 위해서는 바라고 필요로 하기보다는 감사하는 상태에 있어야 한다.

- 당신이 매일 저녁 감사함을 상기하는 것은 잠에 들기에 좋은 방법이다.

- 작건 크건 상관없는 행동으로 당신의 시간을 너그럽게 다른 사람에게 나누어줌으로써 풍요로움을 불러들인다.

- 상황이나 사람 혹은 사건 등에 성가심을 발견했을 때 그 순간에 감사할 수 있는 것을 찾아라.

Soul-work : 넷째 주

❃ 드림스토밍을 해라!

❃ 각 여섯 개의 의도 카드에 맞는 무엇을, 어떻게, 언제의 행동 단계를 적자. 앞으로 18일간 매일 하나의 단계를 하자.

❃ 더 이상 당신에게 필요 없는 세 가지를 찾아 의식을 통해 버리자.

❃ 매일 밤 당신이 감사할 다섯 가지를 찾자.

❃ 매일 누군가에게 이타적으로 베풀자.

❃ 앞으로 일주일간 명상과 현실화 루틴을 계속하자.

넷째 주 : 매일 명상 및 현실화 루틴

다음은 넷째 주의 명상 및 현실화 루틴이다. 명상을 위해 자리에 앉아서 허리를 세우자. 누군가가 읽어줘도 되고, 녹음을 해두어도 되고, 혹은 내 홈페이지에서 무료로 다운받을 수도 있다.

현재의 순간으로 돌아오고 균형, 명확함, 그리고 집중을 할 수 있는 상태를 이루기 위해서 오감 체크인 훈련에서 시작하세요.

우선 시각을 떠올리세요. 방 주변을 돌아보세요. 색깔과 질감을 바라보세요. 천천히 물체 하나하나를 바라보세요. 과거나 미래의 생각이 떠오른다면 다음 물체를 바라보세요.

방 안에 있는 것 중에 한 번도 보지 못한 것이 있는지 둘러보세요. 무엇이 보이나요?

이제 눈을 감고 냄새에 집중을 하세요. 숨을 깊게 들이쉬세요. 방 안의 냄새가 어떠한가요? 요리를 한 냄새일 수도 있고 초의 향일 수도 있고 열려 있는 창을 통해 들어오는 냄새일 수도 있어요.

다음은 소리를 들어보세요. 방에서는 어떤 소리가 나는지 들어보세요. 이제 방 밖에서 들려오는 소리들을 들어보세요. 오른쪽 귀로만 들어보세요, 왼쪽 귀로만 들어보세요.

이제 촉감을 느껴보세요. 바닥에 닿아 있는 발은 어떤 느낌인가요. 지금 입고 있는 옷과 볼에서 느껴지는 공기는 어떤지 느껴보세요.

마지막으로 미각에 집중하세요. 부드럽게 혀를 입천장에서 움직여보세요. 그리고 침을 삼켜보세요. 눈을 뜨고 방으로 돌아오세요. 이곳에 있도록 하세요.

다음은 매일의 루틴 현실화 단계를 할 것입니다.

여섯 개의 긍정적인 문장 카드와 여섯 개의 의도 카드를 준비하세요. 긍정의 문장 카드부터 시작합니다. 각각의 카드를 소리 내어 읽거나 조용히 읽으세요. 읽는 동안 마음을 돋우면서 자신감과 깨달음을 스스로 불어넣으세요. 그리고 같은 방법으로 의도를 진행하세요. 역시 크게 읽거나 조용히 읽어도 됩니다. 각각의 카드를 읽으면서 다시 한 번 마음을 돋우면서 자신감과 깨달음을 스스로 불어넣으세요.

눈을 감고 당신의 의도가 현실화된 것을 상상하세요. 미래의 삶의 기억을 떠올리세요. 각 대본의 장면을 눈앞에 떠올리기 위해서 현실화와 적합한 감정의 상태에 어울리는 에너지의 파장과 적합한 음악을 따라가세요. 그 영화가 진짜처럼 진실하게 느껴질 때까지 모든 오감을 떠올리세요.

당신은 당신의 운명의 연출자이자 당신의 꿈의 창조자라는 것을 기억하세요.

꿈이 이루어지는 것을 바라보세요. 현실로 이루어지는 것을 느끼세요.

당신은 상상 이상으로 강한 힘을 갖고 있습니다. 이것이 당신의 삶이고 당신의 영화입니다. 당신이 그 영화의 마지막을 결정할 수 있습니다.

이제 되었습니다.

당신의 모든 의도는 준비되었습니다. 조용하게 교감을 이루세요.

세 번의 깊은 심호흡과 함께 명상을 시작하세요. 허리를 세우고 손을 편안하게 허벅지에 올려두세요. 우선 호흡을 내쉬고 들이쉬는 것에 집중하세요.

호흡이 들어올 때 편하게 느끼세요. 좋거나 나쁨을 생각하지 마세요. 그냥 '생각'이라고 스스로 말하세요. 그리고 다시 호흡에 집중하세요.

명상을 하면서 만트라를 사용할 수도 있습니다. 호흡을 들이쉬면서 '들숨'이라고 조용히 말하고 내쉴 때는 '날숨'이라고 하세요. 혹은 들이쉴 때는 '여기' 내쉴 때는 '지금'이라고 해도 됩니다.

(조용히 앉아서 10분간 명상을 합니다.)

이제 매일의 명상과 현실화 루틴이 끝났습니다.

이제 아홉 개의 연습이 모두 주어졌습니다. 만약 이 과정을 끝냈다면 축하할 일입니다. 만약 그렇지 못했다면 매일매일 새로운 시작을 할 수 있는 기회가 있다는 것을 잊지 마세요. 당신은 어제든지 처음부터 다시 시작해도 됩니다. 모든 과정을 순서대로 따르는 것이 좋습니다. 그리고 필요하다면 처음부터 다시 책을 읽으세요. 내 학생들 중 많은 수가 몇 번이고 다시 읽었습니다.

The Circle of Grace의 멤버가 되면 이 4주간의 과정이 무료로 온라인 토론으로 제공됩니다. 홈페이지를 참고 하세요(www.thecenterofgrace.com/membership). 나는 학생들이 모든 과정을 마친 뒤에도 계속 동기부여가 될 수 있도록 'The Circle of Grace'를 만들었습니다.

이러한 연습과 루틴은 추천하는 방법들일 뿐입니다. 당신 스스로 방법을 만들어내는 것을 두려워하지 말고 자유롭게 시도하세요. 명상을 아침에 하고, 오후에 일기를 쓰고, 매일 저녁에 의도 카드를 읽을 수도 있습니다. 가장 중요한 것은 근원과 소통하기 위한 시간을 갖는 것입니다. 당신의 의도를 강력한 생각, 믿음, 감정으로 전달하세요. 매일 연습을 실행할 수 있도록 노력해야 한다는 것을 잊지 마세요.

당신이 이 과정에 더욱 신경 쓸수록 더 많은 결과를 얻을 것입니다. 이 과정은 4주 이상 지속될 수 있습니다. 이것은 스스로의 삶을 만들어내기 위한 일평생의 지속적인 연습 방안입니다.

기억하세요. 당신은 측정할 수 없을 만큼 강한 힘을 갖고 있습니다. 이것은 당신의 삶이고 당신의 영화입니다. 당신이 그 결말을 결정하는 것입니다.

이제 시작하세요. 당신의 운명을 연출하세요. 당신의 꿈의 작가가 되고, 제작자가 되고, 연출자가 되세요.

친애하는 제니퍼 그레이스

당신의 꿈을
현실화하기 위한 매일 연습

매일 같은 시간대에 연습을 진행해야 가장 효과적이다. 당신의 집에서 공간을 찾아라. 방석과 작은 테이블 그리고 초 등을 준비해서 명상 스테이션을 구성하자. 이 모든 연습은 15분밖에 걸리지 않는다. 새로운 삶에 대한 긍정적인 마음을 가지고 이 모든 연습을 즐기도록 하자.

1단계 : 지금 이 순간에 있기―오감 체크인

매일의 영적 연습을 위해 준비한 장소에 앉아서 1분간 현재에 있자.

천천히 하나씩 당신의 감각을 체크인하자. 우선 방 안을 살펴보며 시각을 느끼자. 주변의 모든 색깔과 질감을 바라보자. 잡념이 생기면 다음 물체를 바라보자.

이제 눈을 감고 숨을 깊게 들이마시며 냄새를 느껴보자. 공기를 들이마시며 음식, 향수, 혹은 공기 냄새가 어떤지 맡아보자.

다음은 소리를 들어보자. 방 안에서 어떤 소리가 나는지 들어보자. 그리고 방 밖에서 들려오는 소리도 들어보자.

맛을 느껴보자. 입 안쪽에서 혀를 굴려서 침을 삼켜보자.

마지막으로 촉감을 느껴보자. 옷이 피부에 닿는 느낌과 볼에 공기가 닿는 느낌을 느껴보자.

이제 조용하게 앉아서 지금 이 순간에 있도록 하자.

2단계 : 매일의 확언과 강력한 의도 말하기

당신의 이름과 태어난 장소와 같은 사실 두 가지를 크게 말하자. 그리고 조용히 혹은 큰 소리로 당신의 여섯 개의 확언과 의도를 읽어나가자. 이러한 의도에 너무 집착하지 않도록 주의하고 근원이 당신에게 가장 도움이 되는 방향으로 알려줄 것을 믿자.

3단계 : 감정의 상태 끌어올리기

매일 당신이 만들고 싶은 미래 삶의 대본을 정하자. 당신의 감정적 상태를 끌어올릴 수 있는 음악을 선택하거나 지난 기억을 이용해서 감정을 만들자. 원하는 미래의 상황과 딱 맞는 과거의 감정을 떠올리자. 당신의 의도를 이루어서 살고 있다고 생각하자. 보고 믿자. 그리고 느끼자.

4단계 : 앉아서 명상하기

명상 자세로 앉자. 타이머를 10분으로 맞추자. 눈을 감고 허리를 세우고 바르게 앉자. 숨을 쉬는 것부터 시작하자. 조용히 숨을 들이마시며 '옴'이라고 말하고, 숨을 내쉬며 '아'라고 말하자. 반복적으로 하자. 잡념이 들 때마다 당신의 숨에 집중하자.

5단계 : 감사의 실천

매일 저녁 하루를 돌아보며 일기에 그날 감사할 일 다섯 가지를 적자.
그 리스트를 다시 읽어보며 감사함을 느껴보자.

6단계 : 나눔의 실천

매일 작은 것이든 큰 것이든 친절함을 행하자.

당신의 인생을
연출하기 위한 프로필

한 학생의 실제 이야기를 바탕으로 아래의 개요를 작성해보았다. 작은 내용들은 바뀐 부분이 있지만 이 개요를 통해서 이 책에 있는 모든 방법을 어떻게 사용할 수 있는지 이해할 수 있도록 도움을 주고자 한다.

맥시Maxie는 편안하게 잠을 자고 일어났다. 그녀는 5분으로 타이머를 맞춰두고 일기장에 글을 적기 시작했다. 글을 쓰는 내내 멈추지 않았다.

나는 조금 피곤하지만 흥분되어 있다. 오늘 투자자들에게 나의 새로운 옷들을 소개할 기회가 있다. 그들이 좋아할 것이라는 것을 알고 있고, 이 예쁜 친환경 옷들을 생산하기 위한 투자를 받을 수 있을 것이라고 확신한다. 내 머릿속의 위원회가 조용하고 한 번도 본적 없는 사람들에게 15만 달러를 요청할 용기가 있음에 자신감이 있고 행복하다. 그들은 긍정적으로 대답할 것이다…….

자유롭게 글을 쓰는 것을 마친 후, 맥시는 부엌으로 가서 차를 준비했다. 부엌은 얼마 전에 밝은 노란색으로 칠했다. 아침 명상을 할 때처럼 그 색깔이 그녀를 기분 좋게 해주었다.

차를 준비한 후 맥시는 그녀의 방으로 향했다. 명상 스테이션의 옆에 있는 초에 불을 켜고 저렴하게 구입한 편안하고 커다란 쿠션에 앉았다. 몸을 기울여서 창가에 놓인 데이지 꽃의 향을 맡았다.

그녀는 깊게 세 번의 숨을 쉬고 나서 오감 체크인을 시작했다.

우선 시각으로 시작했다. 방 안의 모든 물체를 천천히 바라보았다. 잡념이 머릿속에 들 때면 그녀는 다른 물체를 가만히 바라보았다.

그리고 눈을 감고 후각에 집중했다. 찻잔에서 은은하게 퍼지는 바닐라와 복숭아 차의 향을 맡을 수 있었다.

맥시는 방 안에서 들려오는 소리를 들을 수 있었다. 컴퓨터 소리가 들렸다. 방 밖의 소리들에 집중하자, 그녀의 집 옆에서 노래하는 새들과 지나가는 차들의 소리가 들렸다.

미각을 위해서 입안에서 천천히 혀를 굴렸다. 침을 삼키자, 아침에 이를 닦았을 때 남은 치약의 맛을 느낄 수 있었다. 마지막으로 촉각이었다. 그녀는 볼에 바람이 지나는 것을 느꼈고 창문을 통해서 따뜻하게 비추고 있는 햇빛을 느낄 수 있었다.

그리고 그녀는 천천히 숨을 쉬기 시작했다.

눈을 뜨자 차분함을 느낄 수 있었다. 그녀는 마음의 중심을 잃지 않고 현재에 있었기 때문에 매일의 명상 및 현실화 루틴을 시작할 준비가 되어 있었다.

14개의 카드를 집어 들고 시작했다. 우선 그녀는 이미 진실인 두 가지 사실을 이야기하기 위해서 신상 명세 카드를 읽었다.

'나는 맥시 핼펀Maxie Halpern이다.'

'나는 텍사스 주의 오스틴 출신이다.' 그리고 긍정의 확언 카드 여섯 개를 큰소리로 읽었다.

* 나는 기회와 성공의 자석이다.
* 내 몸의 모든 세포는 에너지와 빛을 내고 있다.
* 나는 내가 세상을 만들어낼 힘이 있다고 믿는다.
* 나는 나의 천부적 재능을 사용하고 다른 사람들과 공유할 때 풍요로움을 만들어낸다.
* 나는 지금 나의 모습 그대로를 받아들인다.
* 내 삶을 구성하기 위한 시간을 갖는다.

'머릿속의 위원회는 확실히 조용하구나'라고 혼자 생각했다. 그리고 여섯 개의 의도 카드를 힘과 확신을 갖고 읽어나갔다.

* 나는 성공적인 의상 디자이너임에 기분이 좋다.
* 주요 백화점들이 내가 만든 옷들을 전시하고 있어서 흥분된다.
* 나는 내 친환경 의류에 투자를 하고 차별화를 만들어가기를 원하는 투자자들과 지속적인 파트너십을 갖고 있어서 고무된다.
* 나는 연인과의 관계가 건강해서 더없는 행복을 느낀다.

그녀는 네 번째 의도 카드를 읽으면서 크게 웃고는 펜을 집어 들었다. 잭Jack과의 연인 관계가 건강하게 지속된 지 두 달이 넘었다. 그녀는 그 카드에 'Victory'라고 적었다.

* 나는 재정적으로 문제가 없어서 평화롭다.
* 나는 나 스스로를 잘 가꾸고 매일 요가와 명상을 하는 것이 자랑스럽다.

그녀는 다시 웃으면서 여섯 번째 의도 카드에도 'victory'라고 적었다. 두 개의 의도가 이루어졌고 그날 저녁 또 다른 두 개를 만들기 위해서 그녀는 노트에 적어두었다.

그리고 현실화 실천을 시작했다. 맥시는 헤드폰을 끼고 음악을 틀어 OneRepublic의 「Good life」를 듣기 시작했다. 플레이 버튼을 누르기 전에 그녀는 그녀가 쓴 미래의 삶의 대본을 읽었다. 이 대본은 지각 있는 투자자들과의 파트너십을 위해서 쓰였다.

미래 삶의 대본

의도 : 나는 내 친환경 의류에 투자를 하고 차별화를 만들어가기 원하는 투자자들과 지속적인 파트너십을 갖고 있어서 고무되었다.

마법의 만약 : 만약 내가 디자인한 의류 라인 전체를 투자해줄 사람들을 만나게 된다면?

장소 : 뉴욕 시티

의상 : 크림색 정장과 초콜릿색의 하이힐, 그리고 어울리는 핸드백

계절 : 가을

시간 : 오전 11시

세트 : 회의실

소품 : 물 잔, 커피 컵, 노트

향기 : 커피

배경음악 : 「Good life」

감정 상태 : 의기양양

장면 : 나는 자신 있는 모습으로 내가 디자인한 친환경 정장을 입고 투자자들이 있는 회의실로 들어간다.

그 장면을 읽고 나자 맥시는 갑자기 초조해졌다. 그날 오후, 그녀에게 이 대본을 현실화할 수 있는 기회가 있었다. 그 기회는 그녀가 치과 접수처에서 일하는 동안 생겼다. 한 환자가 그녀의 옷에 대해서 이야기하며 디자인이 좋다고 했다. 그녀는 웃으며 자신이 디자인한 것임을 설명했다.

그 환자는 놀라며 재료를 물었다. 맥시는 어떠한 독성 물질이나 살충제를 사용하지 않고 천연 재료로 만들었다고 설명했다. 그렇게 함으로써 인간과 자연의 건강을 지킬 수 있다고 말했다.

그가 웃으며 물었다.

"다른 것들은 어떤 게 있죠?"

맥시는 그녀의 중심 라인인 남성용과 여성용 비즈니스 정장을 포함하는 'Corporate Zen' 라인을 차근차근 설명해주었다. 그가 다시 한 번 놀

라며 말했다.

"어쩌면 오늘이 당신의 행운의 날일 수 있겠네요."

그가 명함을 건넸다. 그의 이름은 댄 포트맨Dan Portman이었다. 그의 회사는 친환경 의류로의 사업 확장을 준비하고 있었다.

"이게 딱 그 정답일 듯한데요."

그가 말했다.

댄은 맥시에게 회사에 전화해서 미팅 일정을 잡으라고 했다. 맥시는 명함에 적혀 있는 그의 주소를 확인했다. 매디슨 에비뉴Madison Avenue였다. 입이 귀에 걸렸다. 다음 날 전화하겠다고 약속했다.

맥시는 뉴욕에 2년간 있었지만 패션 업계에서는 끊임없이 거절당했다. 그래서 맥시는 투자자가 자신 앞에 나타날 것이라고 전혀 기대할 수 없는 상황이었다.

맥시는 병원 접수처에서 일하는 것이 정말 싫었다. 비록 그 일 때문에 우울해지지 않으려 했지만 감사함을 느끼는 것은 어려운 일이었다. 하지만 지금, 그 일 때문에 맥시는 댄을 만났다. 맥시가 전혀 기대하지 못했던 일이 일어났다. 어떤 결과가 일어날지 너무 집착하지 말라는 것이 이거구나. 맥시는 투자자를 병원에서 만나게 될 것이라고는 조금도 기대하지 않았다.

맥시는 그 기억에 다시 웃음을 지었다. 맥시는 마음을 차분하게 하기 위해서 깊이 숨을 쉬었다. 그 일이 있은 지 2주가 지났다. 오늘 맥시는 댄의 회사에서 자신이 만든 옷들을 소개할 것이다. 모든 힘을 다해서 꿈을 현실화하기 위한 긍정적인 에너지를 근원에 보내야 하는 날이 바로 오늘이었다. 불행히도 지금 그녀는 자신감이 넘치기보다는 불안했다. 그녀는 자신감이 있었을 때의 기분을 불러오기 위한 대체 방법을 사용하기로 마음먹었다.

고등학교 시절 수영 선수로 활동했던 맥시는 당시 접영으로 학교 최고 기록을 깨며 챔피언십에서 우승한 경험이 있었다. 그날의 기억을 떠올리자 자신감이 돌아왔다. 그녀는 자신감이 생겼다는 것을 온몸을 통해서 느낄 수 있었다. 그리고 플레이 버튼을 눌러서 「Good life」를 틀었다. 이것이 미래 삶의 대본의 배경음악이다.

맥시는 과거에서 미래로 옮겨갔다. 그녀는 자신 있게 회의실로 걸어 들어가는 자신의 모습을 보았다. 댄이 웃음 짓고 있었다. 그녀는 멋진 프레젠테이션을 했다. 마치 실제로 미팅을 하고 있는 듯한 기분이 들었고 투자를 받은 것 같은 흥분을 느꼈다. 그녀는 모든 사람들이 고개를 끄떡이며 긍정적으로 답하는 것을 보았다.

배경음악이 끝났을 때 헤드폰을 벗었다. 곧 그녀는 명상 타이머를 10분으로 맞추고 조용하게 앉았다.

그녀의 의도는 모두 설정되어 있었다. 그녀는 근원과 긍정적인 생각, 믿음, 그리고 감정을 통해서 소통했다. 이제 지금 여기에 있는 것 외에 어느것도 할 것이 남지 않았다.

맥시는 쿠션에 앉아서 금빛으로 빛나는 줄을 하늘로 끌어올리는 상상을 했다. 숨을 천천히 길게 쉬었다. 숨을 들이마시면서 '여기'라고 했고, 내쉬면서 '지금'이라고 말했다.

조금 후 그녀는 근원이 그녀를 통하고 있는 것을 느낄 수 있었다. 또한 그녀의 개인적인 힘과 모두 통하고 있음을 느꼈다.

타이머가 울렸다. 맥시는 하루를 시작했다.

✻

택시를 타고 매디슨 에비뉴에 있는 댄의 회사로 갔다. 그녀는 웃음이 절로 났다. 그녀에게 하루의 휴가를 준 로버트 박사가 고마웠다.

건물로 들어서자 심장이 빠르게 뛰는 것이 느껴졌다. 갑자기 '쓸데없이 시끄러운 위원회'의 소리가 들렸다. '넌 바보야, 네 삶에서 절대로 프로페셔널한 디자이너가 되지 못할 거야. 누가 너한테 15만 달러나 투자할 것이라고 생각하는 거야?'라고 떠들었다.

그 목소리는 다른 위원회들과 함께했다. '그래 맞아. 경험도 없잖아. 사람들은 보고 웃을걸? 그냥 포기하고 집으로 가는 게 어때?'

엘리베이터에 올라타면서 맥시는 상상의 리모컨을 떠올리며 음소거 버튼을 눌렀다. 그리고 자신에게 말했다.

'여섯 살 때부터 옷을 디자인했잖아. 잘할 수 있어. 떨리더라도 그냥 해보는 거야!'

그녀는 자신의 현명한 생각에 웃음 지었다. 그리고 엘리베이터에서 내려 복도로 걸어갔다. 미팅은 물 흐르듯 자연스러웠다. 사람들이 그녀의 디자인과 콘셉트를 좋아한다고 느낄 수 있었다. 그녀가 생산을 위해서 15만 달러가 필요하다고 했을 때 아무도 눈을 깜빡이지 않았다. 댄은 다음 날 전화를 해주겠다고 약속했다.

그녀는 엘리베이터를 타고 돌아오는 내내 미소를 지었다. 그녀의 미래 삶의 대본은 막 현실이 되었다. 사실 그 회의실은 그녀가 상상했던 모습 그대로였다. 이상할 정도였다.

맥시는 어떤 투자자이든 상관없는 미래 삶의 대본을 쓸 수 있었다. 그녀는 요가 스튜디오를 갖고 있는 여성을 떠올리며 그 스튜디오에서의 미팅을 상상할 수도 있었다. 하지만 그녀는 정확하게 회사 회의실에서의 미팅을 떠올렸다. 그리고 그것이 정확하게 실현됐다.

맥시의 모든 노력은 이제 결실을 맺고 있었다. 그녀는 무엇을, 어떻게, 언제의 행동 계획을 세우고 매일 적어도 세 가지의 행동 단계를 따랐다. 그녀는 매일의 명상과 현실화 루틴을 지속했고, 매일 밤 좋은 직업과 좋은 친구들이 있다는 것에 감사했다. 그리고 이타적인 친절을 매일 시도했다.

만약 댄이 다음 날 전화해서 실망스러운 이야기를 하더라도 근원이 결국 그녀에게 좋은 대답으로 인도해줄 것이라는 걸 알고 있었다.

✻

그녀는 집으로 돌아와 소파에 앉았다. 바쁜 아침 시간을 보낸 후 잠시 편안하게 쉴 수 있는 시간을 가졌다. 그녀는 아파트를 바라보며 주변에 있는 것들에 감탄했다.

그때 그녀의 마음은 댄의 전화를 기다리며 걱정하기 시작했다. 그녀는 천천히 그녀의 마음을 다시 현재로 끌고 왔다. 그녀는 몇 번의 깊은 숨을 쉰 뒤 다시 방을 다시 바라보았다.

　그때 전화기의 알람이 울렸다. 그녀의 '지금 여기 있자' 알람이었다. 방금 막 지금 여기로 돌아왔음이 떠올라 웃음 지었다.

　맥시는 그녀 자신이 만들어낸 영화가 마음에 들었다. 그녀는 지금 감독 자리에 앉아 있었다. 그녀의 오른 팔인 윌은 아침의 프레젠테이션을 위해 디자인을 잘할 수 있도록 도와주었고, 왼팔인 그레이스는 댄과의 만남을 주선하였다. 모든 것이 조화를 이루고 있었다.

　그날 밤 그녀는 새로운 사랑인 잭과 로맨틱한 저녁 식사를 했다. 그는 그녀의 첫 번째 투자자 미팅을 축하해줬다. 투자를 받는 것과는 별개로 그만큼 한 것에 대해서 자랑스러워했다. 맥시는 그녀가 주연으로 참여한 이 영화가 만족스러웠다.

　결국 그녀가 스스로를 위해서 쓴 멋진 영화였다.

감사의 말

책을 쓰는 내내 중요한 도움을 주고 이 책을 현실화할 수 있도록 그레이스와의 우연한 만남의 순간으로 이끌어준 아만다와 조셉 사피나에게 감사합니다.

올바른 길로 이끌어준 세레나 다이어와 웨인 다이어에게도 감사의 말을 전합니다.

조건 없는 사랑과 지원으로 나를 길러 주신 어머니, 아버지인 도나 젠슨Donna Jenson과 조지 디콰트로George DeQuattro에게 감사 인사를 드리며 최고의 부모이자 그들의 파트너인 찰스 홈즈Charles Holmes와 엔젤라 디콰트로Angela DeQuattro에게 역시 감사드립니다.

드림팀의 도움이 없었다면 이 책은 쓰지 못했을 것입니다. 가장 친한 친구이자 언제나 단점 없는 완벽한 작업을 하는 Creative Art Director인 오드리 덴슨Audrey Denson과 내가 쓴 글을 훨씬 아름답게 바꾸어준 에디터인 네일 고든Neil Gordon과 스티브 롤스Steve Ralls에게 감사드립니다. 대단했습니다. 쇼셜 미디어를 도와준 프랭키 아리올라Franky Arriola와 홍보 전문가인 제니 리 몰리나Jenny Lee Molina 역시 많은 도움을 주었습니다.

에이전트인 에스텔라 아리아스Estella Arias, 홈페이지를 만들어준 데비 듀크Debbie Duke, 그리고 내 오른팔인 그레이스 데라노이Grace Delanoy에게도 여기까지 온 모든 과정에 대해 감사드립니다.

세 명의 멘토인 제시카 구어빗, 줄리아 로메인, 그리고 크리스찬 험멜의 가르침을 바탕으로 튼튼한 기반을 만들 수 있었음에 감사드립니다.

알리슨 칼라냐Alyson Calagna는 시작부터 끝없는 지원과 사랑으로 용기를 주었음에 감사드립니다.

존 폴John Paul 역시도 내가 이 책을 마무리할 수 있도록 동기를 주고 무조건적인 사랑을 주었음에 감사드립니다.

티아 소머Thea Sommer는 내가 지금의 코치가 될 수 있도록 오늘날까지 나를 밀어주었습니다.

나를 적극적으로 지원해준 마이애미 해변의 스탠더드 스파The Standard Spa의 미나 고흐Mina Gough, 아만다 헤일 데 헤수스Amanda Hale De Jesus를 비롯한 모든 사람들에게 감사의 인사를 전합니다.

내가 책을 쓸 수 있도록 예쁜 해변의 집을 허락해준 리사 데이 제이콥스Lisa Dei Jacobs와 린다 캐롤Linda Carol에게도 감사드립니다.

언제나 나를 웃게 해주고 내가 필요할 때 함께해준 친구들에게도 고맙습니다. 모두 다 사랑하기에 여기 이름 순으로 그들의 이름을 적어봅니다. 주세스 아마도르Zuseth Amador, 필리츠 베키Filiz Bakir, 제인 볼린Jane Bolin, 앨리슨 버고스Alison Burgos, 아쉴리 캐롤Ashley Carroll, 다렌 세팔루Darren Cefalu, 제시카 콘셉션Jessica Concepcion, 제인 다그미Jane Dagmi, 미쉘 게이버Michelle Gaber, 그웬 게이도스Gwen Gaydos, 루시아나 제노바Luciana Genova, 세쓰와 리스

그로스만Seth and Lisa Grossman, 파멜라 존스Pamela Jones, 제인 밀스Jayne Mills, 디아나 패드겟Deanna Padgett, 루시아나 파반Luciana Pavan, 조안나 포퍼Joanna Popper, 마리아 풀리스Maria Pulice, 사리 로치Sari Rauch, 애쉬 로이즈Ash Ruiz.

좋은 친구이자 변호사인 아리아나 골드만Arianna Goldman에게도 감사합니다. 함께하게 되어 영광인 모든 헤이 하우스 식구들에게도 감사합니다.

마지막으로 나의 수호천사이자 언제나 나를 내려다보고 계신 니콜에게 감사합니다.

당신의 인생을 디렉팅하라

1판 1쇄 인쇄 2014년 8월 25일
1판 1쇄 발행 2014년 9월 2일

지은이 제니퍼 그레이스
옮긴이 홍상현

펴낸이 이종률
펴낸곳 이책
주소 (130-768) 서울시 동대문구 한천로55길 9, 204(이문동, 삼익아파트상가)
전화 02-957-3717
팩스 02-957-3718
전자우편 echaek@gmail.com
출판등록 2013년 02월 18일 제305-2013-000006호

표지 · 본문 (주)네오북
인쇄 · 제본 (주)상지사피앤비
종이 (주)에스에이치페이퍼

ISBN 979-11-950725-5-2 13320

이 도서의 국립중앙도서관 출판시도서목록(CIP)은 서지정보유통지원시스템 홈페이지
(http://seoji.nl.go.kr)와 국가자료공동목록시스템(http://www.nl.go.kr/kolisnet)에서 이
용하실 수 있습니다.(CIP제어번호: CIP2014023120)